DISCLAIMER

The author and publisher are providing this book and its contents on an "as is" basis and make no representations or warranties of any kind with respect to this book or its contents. The author and publisher disclaim all such representations and warranties, including but not limited to warranties of merchantability. In addition, the author and publisher do not represent or warrant that the information accessible via this book is accurate, complete, or current.

Except as specifically stated in this book, neither the author nor publisher, nor any authors, contributors, or other representatives will be liable for damages arising out of or in connection with the use of this book. This is a comprehensive limitation of liability that applies to all damages of any kind, including (without limitation) compensatory; direct, indirect, or consequential damages; loss of data, income, or profit; loss of or damage to property; and claims of third parties.

Extra Graphic Material From: www.freepik.com
Thanks to: Alekksall, Starline, Pch.vector, Rawpixel.com, Vectorpocket, Dgim-studio, Upklyak, Macrovector & Freepik.com Designers

This Book Offers Free Bonus Puzzles

Available Here:

BestActivityBooks.com/WSBONUS20

5 TIPS TO START!

1) HOW TO SOLVE

The Puzzles are in a Classic Format:

- Words are hidden without breaks (no spaces, dashes, ...)
- Orientation: Forward & Backward, Up & Down or
  in Diagonal (can be in both directions)
- Words can overlap or cross each other

2) LEVEL UP THE GAME!

A space is provided next to each word to write new ones, translations or notes. We also offer a convenient **NOTEBOOK** at the end of this edition. It can help you organize your annotations, new words and/or observations.

3) TAG YOUR WORDS

Have you tried using a tag system? For example, you could mark the words which have been difficult to find with a cross, the ones you loved with a star, new words with a triangle, rare words with a diamond and so on...

4) EASY TO CUT!

The Puzzles come with an Extra Large margin to easily cut the page out of the book. Some people may feel it more convenient to solve them this way.

5) FINISHED?

Go to the bonus section: **MONSTER CHALLENGE** to find a free game offered at the end of this edition!

Want **more fun** and activities to **relax? It's Fast and Simple!** An entire Game Book Collection **just one click away!**

Find your next challenge at:

BestActivityBooks.com/MyNextWordSearch

Ready, Set... Go!

Did you know there are around 7,000 different languages in the world? Words are precious.

We love languages and have been working hard to make the highest quality books for you. Our intention is...

One part easy-to-read... three parts entertainment, then we add some... challenging words... a pinch... no one breakfast... are to serve you lots of fun and an opportunity to solve... best puzzles.

Your participation is essential. You can be an active participant in the success of this book by leaving us a review. Tell us what you liked most in... Stiller...

bestbooksActiv.com/Review

Thanks for your loyalty and enjoy the Game.

Ready, Set... Go!

Did you know there are around 7,000 different languages in the world? Words are precious.

We love languages and have been working hard to make the highest quality books for you. Our ingredients?

One part easy-to-read print, three parts entertainment, then we add some challenging words and a pinch of rare ones. We brew them with care to serve you lots of fun and an opportunity to solve the best puzzles.

Your feedback is essential. You can be an active participant in the success of this book by leaving us a review. Tell us what you liked most in this edition!

Here is a short link which will take you to your Amazon orders review page.

BestBooksActivity.com/Review50

Thanks for your fidelity and enjoy the Game!

 *Delta Classics Team*

Puzzle 1

```
N Ó L L I S W E A I P P S N L
A C A D É M I C O J A B A O S
C F L J B A J U S R H K Y T C
B R L P T E A L A J N A Z A V
R A E T S I X E V P C N L R E
E R S C V I G Y W M Z K D E N
C A O Á I C O N E X I Ó N T T
E P R R T M Y L C O L U R E A
N E G B X T I N I A E X B T W
E R O O S O A E X S F B H L W
T I D L A Q Y H N K T É B V C
R N I H D R A O H T X O V K N
E O N G Y S G H J X O O B N V
P E L I G R O S A M E N T E P
```

CRECIMIENTO
ACADÉMICO
VASO
CONEXIÓN
EXISTE
PERTENECER
LISTO
GROSELLA
VENTA
SILLÓN

TETERA
CAFÉ
CAN
PELIGROSAMENTE
NOTA
REPARAR
ABAJO
FELIZ
ZANJA
ÁRBOL

Puzzle 2

```
G R E L I G I O S O Y Q A N A
C U A G R E G A R R E Y T U Z
U C A Í V A D O T U O Y A M B
A A L R E C N E V N O C R E V
D N L P D F R I P D T L D R O
R T E K Ú A E E X W S O E O C
A A T B A R R N A S O C C S A
D R O B U E P R L L C A E O B
O F B M O C V U O X I L R S U
C W M W K E Q L R P X D M K L
V X P N K N I E P A A U A L A
F R U T A A H O R N E A R D R
F Z I I A M F X V O M S K D I
X Y J W R A N O I C P U R E O
```

MAYO
AGREGAR
PÚRPURA
COSTO
REALIDAD
AMANECER
TODAVÍA
VOCABULARIO
GUARDARROPA
CONVENCER

ERUPCIONAR
HORNEAR
CANTAR
BOTELLA
RELIGIOSO
LOCAL
NUMEROSOS
FRUTA
ATARDECER
CUADRADO

Puzzle 3

```
C C E S O C C G A L L I N A E
V U W I A D I D R É P S S G G
B I E I U B N E D X X B F I A
A R S N Y Q T K E C P F L S N
N Q X I C V U E S C R I T O R
D V O B T O R H N R S R O M D
E R K X R A Ó Q R D O O P A L
R I Z S A D N I L U L S F R C
A C U L T U R A L E S A E A X
F U R I O S O T J C G D H V E
Q K Z G V Q E N C N Q K J I M
Í N D I C E S I M N A H G L M
P A S E O O O E C L M Q R V L C
N U M E R A D O R I Y A G A K
```

VOTAR   ROSA
PASEO   NUMERADOR
PÉRDIDA   VISITA
ÍNDICE   FURIOSO
BANDERA   CULTURALES
LINDAS   CUENCO
MARAVILLA   DESEO
ESCRITOR   GRANJA
GALLINA   SIGA
CINTA   CINTURÓN

Puzzle 4

```
P E Q U E Ñ A E D E F I N I R
P R Á C T I C A Í M O N O C E
F A K Y C U E S T I Ó N B X A
U Z Z P I E R N A S I Q A O B
N I P T J X M R E S V J R B A
C L D T S S V M O H K Q C E L
I A N I P K R A T N E L A C A
Ó C M D F A L R P G O R R A N
N O C K Y Í D P E O M M W A Z
Z L H J V G C R Z S R U G Q A
E M I S X T X I E F N C Q D O
G W C V F C Q Y L S G H C S O
O I O D A D L O S N S O S I R
H H S N Ó I C A L I C S O R K
```

DEFINIR
PADRES
CHICOS
ABALANZA
MUCHOS
PRÁCTICA
PIERNAS
PEQUEÑA
ACEBO
LOCALIZAR

BAR
VAPOR
GORRA
OSCILACIÓN
FUNCIÓN
CALENTAR
CUESTIÓN
SOLDADO
ECONOMÍA
DIFÍCIL

Puzzle 5

```
F  B  K  P  H  E  N  O  R  M  E  I  M  I  M
A  N  L  V  Y  Á  J  A  U  L  A  N  A  N  H
Í  T  Y  T  Y  O  M  B  Z  Z  W  V  T  V  V
G  G  B  A  I  C  U  S  M  U  H  I  R  O  Q
R  J  A  B  Á  I  T  F  T  Y  F  S  I  L  E
E  O  W  S  N  T  P  A  R  E  F  I  M  U  C
N  D  Q  A  G  Í  X  S  B  K  R  B  O  C  A
E  A  U  E  E  L  K  F  P  U  H  L  N  R  E
F  H  Y  C  L  O  E  X  O  B  R  E  I  A  R
X  C  S  I  A  P  Z  B  A  T  G  E  O  D  C
Y  U  C  N  J  C  C  U  A  R  T  O  T  O  A
Q  C  Z  B  N  Ó  I  C  A  R  A  L  C  E  D
P  S  C  A  I  K  T  Ó  M  O  D  E  S  T  O
I  E  V  Y  N  Q  H  O  N  A  É  C  O  K  B
```

TABURETE	INVOLUCRADO
ENORME	CAER
INVISIBLE	HÁMSTER
ÁNGEL	ENERGÍA
SUCIA	JAULA
BODA	OCÉANO
BOXEO	MODESTO
DECLARACIÓN	ESCUCHADO
EDUCACIÓN	POLÍTICO
MATRIMONIO	CUARTO

Puzzle 6

```
E T N E U P Q R R I C A Y L C
I S O J E L V O L A D O R L O
X N T C R U Z A D A W X N A R
M H C Á D J V G S J E V Q N R
A B P L N E T N E R E G G U I
B O Q V I D F P H P M S M R E
V J Q R X N A E H G L A Á A N
C A R A Z O A R N K Q N X S T
R B I G R O T C O D A A I W E
F   M O B R Q G I Q E M M G N
P V D H Y P A D I Ó O R O I A
P R E S I D E N T E N E R R L
N A G T E N I S K P K H A J S
P A R T I C I P A N T E O J V
```

HERMANAS
INCLINACIÓN
DOCTOR
DEFENDER
CRUZADA
ESTÁNDAR
TENIS
BAJO
RICA
LEJOS

CARA
PARTICIPANTE
PRESIDENTE
HOGAR
GERENTE
CORRIENTE
LLANURAS
MÁXIMO
PUENTE
VOLADOR

Puzzle 7

```
Q Z K G P V N X R M O P G I N
M E C Á N I C O Y I C O A K E
C A C T N Z T R X N U P N K C
J O T N A K F A Z U P U A R E
U J N E O Z T P O T A L D W S
R O Á E N U Y S R O R A A N I
A U R J J T C I R S D R S Y D
D P E I D O O D O A N E R A A
O F S T I G R E U I N G O V D
C O M P L E T O F C Q E C W K
B T O P K T D A D I D O M O C
N Y A R K U X A D T I F U M E
O F E R T A F W O O D X U V K
M I O T X N M A U N M T E C J
```

JURADO	MECÁNICO
NOTICIAS	GANADAS
POPULAR	COMODIDAD
ONCE	ZORRO
OCUPAR	DISPARO
MINUTOS	OJO
OFERTA	CONEJO
SERÁN	ATENTO
ARENA	COMPLETO
NECESIDAD	TIGRE

Puzzle 8

```
H X H Q U A I C N A T S I D I
V A D A R I M B J N R R E J G
N B B E S P A L D A A L J T I
S L R I B I H O R P B E B O A
O O A P L U C S I D N K X P D
L Q H G B I O D I C O N O C E
F U U Q C E D T E O H B T S S
X E B Q W Y J A F R T Y Z O C
J S E R C O T E D E E G I I E
A S I S T I R D T S F C X T N
L A G O T O V I H O I X H L D
P I E D R A B G C R U S K O E
Ú L T I M O Q L A G O F P V R
A D M I N I S T R A C I Ó N E
```

ESPALDA
PIEDRA
DISCULPA
DERECHO
CONOCIDO
IDEA
HABILIDAD
GROSERO
VOLTIOS
DESCENDER

PROHIBIR
ÚLTIMO
LAGO
MIRADA
BLOQUES
ADMINISTRACIÓN
ASISTIR
SOL
SETA
DISTANCIA

Puzzle 9

```
P A S A S G A T O U I W E J H
J J A G M Z A E D U R S F M A
C M N V P A V U A Y H W E P M
I A G U E O B M T S E D C C B
Y V R Í E R P L S W G W T A R
Z T A Y E R B J E X A P O C I
V B R C P A G O N D Y I D A E
C I N V I T A C I Ó N E A O N
V A C K C Y T O I P V E S U T
H W L B N W V C Q W P S U P O
C V H O Í Y Y E D I T A R O M
Z S O I R A R O H N F L E B F
C T F X P C O N T A R C N I R
C A R B Ó N V E R D A D E R O
```

AMABLE
HORARIO
CONTAR
SANGRAR
GATO
VERDADERO
REÍR
VERBO
USADO
INVITACIÓN

ESTADO
EFECTO
CARBÓN
CACAO
CLASE
EDITAR
PIE
HAMBRIENTO
CALOR
PRÍNCIPE

Puzzle 10

```
A B S W P P D P S P U P P M A
R Z U E I R P O R R P R E A R
R C P R A R I G K I C E L R M
E A E J A I V N L S G S Í I A
S L R L B F F A C A E I C N R
T M I M P R G L B I O Ó U A I
O A O S M M H O O P P N L S O
N P R R N E I U G L A A A W C
M U S I C A L S Z O V A L C U
E X P E R I M E N T O W K E T
W Z S A M K S D Z M P E O J S
C A P A Z P E C B Z H R P T Z
W M T K Z E S T A N C I A G K
D I P L O M A E U T U G S B B
```

VIAJE	POR
MARINAS	PRISA
SUPERIOR	EXPERIMENTO
MUSICAL	CALMA
ESTANCIA	ALGUIEN
DIPLOMA	CAPAZ
ARMARIO	ARRESTO
PRESIÓN	GIRAR
PRINCIPALES	SIMPLE
CLAVO	PELÍCULA

Puzzle 11

```
A  P  L  I  C  A  R  K  B  E  R  D  O  V  P
A  Ñ  O  S  R  A  T  L  A  S  E  R  F  Y  A
V  E  N  A  D  O  S  X  T  I  I  A  I  M  S
W  T  E  Z  D  X  D  W  O  D  C  T  C  J  S
G  N  I  X  C  A  K  A  R  V  K  A  I  Q  X
U  E  C  U  P  R  U  L  N  T  O  R  A  N  K
S  T  A  C  P  L  Í  D  Y  E  R  T  L  Ó  M
A  N  J  M  E  N  O  T  Y  K  R  I  N  I  D
N  I  I  S  S  K  N  R  I  E  H  T  H  N  R
O  S  M  Q  A  S  Z  E  A  C  J  H  N  U  A
D  Y  Ó  I  D  U  C  A  S  R  O  D  X  E  G
P  Y  I  W  O  W  Z  Z  E  Q  L  S  W  R  Ó
C  A  L  I  F  I  C  A  R  E  E  B  A  N  N
V  A  L  O  R  A  R  W  I  F  R  J  G  H  L
```

REUNIÓN   RESALTAR
RELOJ   ROTA
PESADO   APLICAR
GUSANO   CIEN
SACUDIÓ   OFICIAL
CRÍTICO   AÑOS
ENTRENADOR   TRATAR
VENADO   EXPLORAR
VALORAR   CALIFICAR
DRAGÓN   INTENTE

Puzzle 12

```
B O R R A D O R M É D I C O A
N K Y L T N B A L L E N A F R
A G M R Z Q E B Y A N N L Á R
R E L A J A R S E E E U A C U
O C C I D E N T A L O R T I G
S I M P L I F I C A R I N L A
J V A R O T S D S N O B E S R
J A D U B G U G K O T E M A A
H Q E Y S E C M F S C C A S R
T U L B I J E F Y R U N D P R
T E A P É V D U C E D O N T O
Y R N F B Q E Y O P N C U M Z
V O T Q V T R B D F O A F F H
S S E T S A R T N O C A O S V
```

BORRADOR
PERSONA
FÁCIL
CONDUCTOR
RELAJARSE
CONCEBIR
TEMA
MÉDICO
ARROZ
VAQUERO

OCCIDENTAL
LEAL
BALLENA
CONTRASTE
SUCEDER
SIMPLIFICAR
FUNDAMENTAL
BÉISBOL
ADELANTE
ARRUGAR

Puzzle 13

```
C O N S I G U I Ó S T R C C C
I N T E N T A R W G Í A O D H
L C R E F L E J A R T N N P O
Z K Q O W B C O Q A U A T D C
U A D I R O L O C L L J E P O
P Z M F N O Q J X V O L N R L
A U V E N E C U D O R P E I A
R R E A R T S I D N I Z R V T
T Z K B I C M G U A C T L A E
I E J X L L J L W C N B I R D
S H N W R O R E C J C Q T S O
T D E B E R V S S E C C I Ó N
A T S E Z C P I X R U B W Z A
S I H A C T E A S N W W R E A
```

DISTRAER
PRODUCEN
SITIO
INTENTAR
PUEBLO
CHOCOLATE
RANA
IGLESIA
CREMA
PRIVAR

ARTISTAS
CONSIGUIÓ
CONTENER
CERO
DEBER
SECCIÓN
TÍTULO
VEN
REFLEJAR
COLORIDA

Puzzle 14

```
V T G Q S H E R V I R O A J N
D F E U A K P E X Z Z B S Z P
H Q A L L A A O S W J Z U J P
C Q F P U V X L G I E K M W Z
A A N G D Q R A C I D N I H P
M M N H A N E R B E I L R J A
N S B D R I V I V E R B O S R
O U X I I E X I T O S O L C T
M R B L C D E T V S P A L Q I
B T Q T F I A U E N T J E P C
R I B C S S Ó T V E E L S Q U
A D C A S O M N O D U N F J L
R O I R A S R E V I N A G F A
O W Q M N P O L L O R A L C R
```

SELLO
SALUDAR
PARTICULAR
EXITOSO
HERVIR
SOBREVIVIR
POLLO
CASO
ANIVERSARIO
CANDIDATO

CLARO
INDICAR
ALCE
NUDO
DENSO
LIEBRE
ASUMIR
NOMBRAR
SURTIDO
AMBICIÓN

Puzzle 15

```
E  P  S  U  S  T  A  N  C  I  A  F  D  I  D
U  S  Á  D  I  S  F  R  U  T  A  R  I  N  I
Q  A  T  J  U  E  K  J  X  T  G  P  F  U  B
A  Y  Z  U  A  E  D  Q  D  A  B  P  Í  N  U
T  J  E  V  D  R  H  Z  O  R  E  F  C  D  J
A  S  Y  N  Z  I  O  R  C  D  J  C  I  A  A
U  Y  N  O  L  C  O  H  C  E  D  O  L  C  R
S  L  I  Y  I  T  T  S  S  L  G  R  E  I  E
E  S  R  A  C  I  N  U  M  O  C  T  S  Ó  L
R  A  T  N  E  S  E  R  P  X  P  I  V  N  B
V  O  L  P  R  A  I  R  O  H  A  N  A  Z  I
I  X  T  U  Q  S  A  T  N  U  P  A  C  A  S
R  M  B  U  A  L  C  A  N  Z  A  D  O  H  O
F  T  O  D  A  Z  I  L  A  N  O  S  R  E  P
```

FEROZ	PRESENTAR
SACAPUNTAS	CORTINA
ALCANZADO	DIBUJAR
ATAQUE	COMUNICARSE
SUSTANCIA	ESTUDIOS
ZANAHORIA	PÁJARO
POSIBLE	AUTOR
DIFÍCILES	SERVIR
TARDE	DISFRUTAR
PERSONALIZADO	INUNDACIÓN

Puzzle 16

```
H T F R A I D U T S E Q Y T S
A D R C G J O D I T N E S E O
B Q E E M V L H R O Z O X R R
I I X H M E O D I P U C P C P
T S N J E S R E V L O V N E R
U M A S A Ñ I N L J W X M R E
A A T T T H D Y A R A Ñ A A N
L G A F I I O P R E M I O D D
R D B L O S T P U E R T A I I
B A R U N E F U M W D I U V D
I L O I S Z P E C M A X C L O
R E C D U W C A C I M T L O J
T N D O S J L D W H Ó G U G G
E A R E A C C I Ó N O N J D K
```

PREMIO
TERCER
MAGDALENA
ARAÑA
FLUIDO
HABITUAL
CORBATA
NIÑAS
DOLORIDO
OLVIDAR

CUPIDO
VOLVERSE
ESTUDIAR
INSTITUCIÓN
SATISFECHO
SORPRENDIDO
PUERTA
REACCIÓN
MURAL
SENTIDO

Puzzle 17

```
C  C  X  W  P  O  R  T  Á  T  I  L  Q  F  G
H  P  O  P  A  R  B  A  C  L  V  H  G  C  C
U  L  T  N  D  I  P  O  D  A  M  R  O  F  R
F  A  U  R  F  T  W  R  L  M  K  C  S  C  M
D  T  L  E  D  E  E  D  E  K  R  Z  A  S  F
L  E  O  D  B  R  S  R  L  S  Y  K  C  Y  J
O  A  S  I  W  R  O  I  L  G  T  B  S  O  Ó
R  D  B  F  D  E  T  E  Ó  D  V  A  E  N  A
O  A  A  P  Z  D  A  A  S  N  V  S  D  J  N
V  A  L  O  R  C  D  C  E  F  T  E  V  O  O
R  E  T  R  O  C  E  S  O  A  A  R  L  J  E
M  E  D  I  C  I  N  A  L  L  O  F  G  W  N
O  P  C  I  O  N  A  L  O  B  E  A  Y  Y  Z
Z  Z  O  E  Z  D  F  C  O  N  C  E  D  E  R
```

DATOS	VALOR
OLLA	MEDICINA
ESCASO	CABRA
OPCIONAL	RED
PORTÁTIL	DERRETIR
ABSOLUTO	FRESA
CONCEDER	LORO
CAYÓ	PLATEADA
PRESTADO	FORMADO
CONFESIÓN	RETROCESO

Puzzle 18

```
A R H Q P G N Ó I C A R O L F
N G O O I G Z T J H X G P F R
I Q L M S T Y P P J Z R O R E
M Z R M P Z O T J J B I N A V
A N A N A I J Q R K R T E C E
L V Z H I Y Ó G C E I A N T L
E U O U V Z O E F I I R T U A
S R P G U B E R B M O N E R N
D I E Z L A N O S R E P T A Z
G I Q X L H S F Y F M S Í A P
T E M P O R A D A T V Y H V G
U E X A C T A M E N T E W U T
G R A D O S E N S A C I Ó N R
C U C H A R A I N B E L X A J
```

TEMPORADA
DIEZ
OPONENTE
ROMPIÓ
PERSONAL
TREINTA
EXACTAMENTE
FRACTURA
PAÍS
REVELAN

FLORACIÓN
CUCHARA
NOMBRE
GRITAR
GRADO
UVA
ANIMALES
MAYOR
LLUVIA
SENSACIÓN

Puzzle 19

```
Á C O M P R O M I S O Y G A C
D G E R R V A R I A B L E N O
S E U M A C N A L B N B W S M
K A S I V C O N F I N A R I P
P X X G L S E R I A I T Q O A
P Y R K A A P L Á T A N O S S
H R O W S S G G X F G T N O I
K P E B E L T N P C U I E L Ó
Z F A G D O N A I Q H R L P N
M K Y X U B T D D O C A L P F
J O V E N N N A A O E D F X J
J Y L V G C T S M U L O F M A
C A S A R S E A Í V N A R T V
M J N P V D B C R Q Z K V H Z
```

ÁGUILA
BOLSA
PREGUNTAR
BLANCA
SERIA
CONFINAR
ANSIOSO
DESGASTADO
COMPROMISO
VARIABLE

CASARSE
LLENO
COMPASIÓN
LECHUGA
CASADA
PLÁTANO
TRANVÍA
TIRADO
SALVAR
JOVEN

Puzzle 20

```
C S E N T I M I E N T O K J X
I E E S T R E L L A S S D F L
N C R A Z A H C E R I O K W E
T O I C D Z B M S E N T A D A
E N B D A Z H V A Y N A H Q I
L S I E S D G D T W T P R R C
I E R L O C O E O D N A U C N
G C C A S O U C L R A Z O L E
E U S N T R R I L W T A G Q D
N T E T E T T D E W S S B I I
T I G A N E S I B P E T E K V
E V F L E F N R K C C E X A E
T O S Z R Y O V C E B S N D M
N D L O W X M N W Y M D Z E T
```

SOSTENER
MONSTRUO
SENTADA
CORTE
CONSECUTIVO
ZAPATO
RECHAZAR
BELLOTAS
CERCADO
DECIDIR

ESCRIBIR
ESTRELLAS
MAESTRO
OSO
CESTA
DELANTAL
SENTIMIENTO
CUANDO
EVIDENCIA
INTELIGENTE

Puzzle 21

```
W E X X R A G E L L D D U F J
S N M A I R O T S I H Q L C L
E Ó E P R E S P E R A H A W D
R I B F E S I E T E N T G Q
I S T E F Z L X F Q I O N O M
E I F Y E A A S C I O L E C D
J R H T R H D D W F L E I I H
O P E Z A C U J O L W R B T A
L J S L R M Y Q Z Í V A M S C
R M Z Y M L A Z K P R K A Á E
E M P U J A R Ñ J W T F T L P
U T Y Q B E M Q O I O T U P T
X W G P B L E N T I E N D E A
D I S T R I B U I R J S L X N
```

ENTIENDE   ACEPTAN
PRISIÓN   REFERIR
HISTORIA   AYUDA
FRÍO   EMPEZADO
EMPUJAR   PLÁSTICO
TOLERA   PEZ
SERIE   ESPERA
MONO   SIETE
LLEGAR   AMBIENTAL
DISTRIBUIR   TAMAÑO

Puzzle 22

```
I R C A T E G O R Í A D T K P
E N I Z H O N S M D L S R V O
R S T N V B U S D U T I A Y B
D B P E O R T S E U N N D D R
A A N E R C G U Q Z S C I O E
M O V H C N E G M V A L C R S
L I B R O Í A R H B L U I D V
V Z O M J Q F C O B T S O E X
H I J O P F L I I N Ó O N N J
N R M V G U U G C O T T A A J
A A K M A U J W S O N E L R Y
I N D L J A O L L I N A N O Z
A T L E T I S M O T T X L H G
E X H I B I R P R O T E G E R
```

EXHIBIR
ANILLO
ZONA
INCLUSO
LIBRO
NUESTRO
SALTÓ
ORDENAR
INTERNACIONAL
RINOCERONTE

MADRE
TRADICIONAL
CATEGORÍA
ATLETISMO
PROTEGER
LUJO
HIJO
NARIZ
ESPECÍFICO
POBRES

Puzzle 23

```
P A T I O E R O T C E R I D A
G T R P R J O W S O L A G E R
Y E A U E E J Y C I N S P L E
D N N R P R P O Z F X T A P R
R O I I E C L Z H U Z B O L R
Q G B I X I A D D J N P L I A
Q R O A U C T Q E P Ú I P K C
D U B D V I O R V D M I R R N
S F E B I O S O A A O B P S G
C O R R E C T O C X C X D B E
P A R Q U E B Y U S A B E R F
G V R I X Y K R A R T S U L I
F A V O R I T O R G Z B X A W
M H D O M I N A N T E X H R J
```

REBOBINAR
SABER
PATIO
UNIRSE
COMÚN
EVACUAR
REGALOS
PLATOS
DIRECTOR
PERO

CORRECTO
EJERCICIO
SALA
TONTO
ILUSTRAR
FURGONETA
CARRERA
PARQUE
DOMINANTE
FAVORITO

Puzzle 24

```
V U Q G I O V I T C A R T A A
A C A N C I Ó N K D M L E Y R
C C E T R E S N I X N W L U D
Í G N P W I S E Ñ O R I É D I
O S E U H J R M Q B X N C A L
C O L A P S O E U Q O T T R L
R B V G Q F V L F G Q X R I A
B G T H O V S O G S G V I O D
P T U B O S P C J Y N H C Z I
D U P L G Z F O M E N A O G G
P W P R I U R T S N O C R G R
P N O I D E M Ó E H V P U T I
O X V R L R D N Ó I C P O Y T
C Q G G N A C A S T I G A R Ó
```

SEÑOR
CASTIGAR
OPCIÓN
ATRACTIVO
HUESO
AYUDAR
ELÉCTRICO
MEDIO
MELOCOTÓN
VACÍO

TUBO
CONSTRUIR
ARDILLA
COLAPSO
PUPILA
TOQUE
CANCIÓN
GRITÓ
TRANSFERIR
INSERTE

Puzzle 25

```
R M Z Y M K J F V B C E S R L
E R M A C I T Á M A R D U Q O
S D O D A E L O S G H S H F G
P E M B M P P I D J O U N R
O T O H A L A L T Q W T Q L A
N E L I C R R Y V A A P A N R
S N P E L O E A O E R T N E E
A I K L S C C R D P X T B O G
B D E O O R E T R A C D P F O
L O T S A G N L Q C I P E E C
E C A R A C O L W S P T J N E
E L I M I N A R L E G O H D R
D E S L I Z A M I E N T O A P
O Y Q S F V Q M B T R S W N Q
```

PLOMO
ENTRE
CARACOL
PARECEN
ESCAPE
MILITAR
GASTO
SOLEADO
OFENDAN
ROBAR

GOTA
CARTERO
LOGRAR
RECOGER
RESPONSABLE
DETENIDO
HIELO
DESLIZAMIENTO
ELIMINAR
DRAMÁTICA

Puzzle 26

```
R T R N A C I M I E N T O I G
E E A S E N T A D O V L N C I
D N T M G D G A L L O U Ó X G
N I R R B R H S A V U I F A
E Ñ O L A I G E T A R T S E N
P A C U G T É T M O Z L I T T
E F W Z C V O N P W F W C N E
D C G L O E R E X S I W E A S
B A K P F N T I D L Q D R D C
J X M M T X N R W P O Q P N A
X C O I C S E T N O S I B U Z
F G D X G I D U J M I J C B X
J L E K G O R N T Q V E L A M
I J J I P Y S Á R T A O A Q U
```

NACIMIENTO	TAMBIÉN
SENTADO	RETRATO
DENTRO	LUZ
AVISO	NIÑA
ESTRATEGIA	ABUNDANTE
CORTAR	AMIGOS
GALLO	BISONTE
DEPENDER	PRECISIÓN
GIGANTESCA	UVAS
ATRÁS	NUTRIENTES

Puzzle 27

```
F E A C K S V M E N G A Ñ A R
A X U U C V É P U C D U U T A
C T L I S U C N L S W U H X D
I R O D H S M N N P A P G I A
L A T A Q T I F J I G R R H N
I N E D G R A S A L M U A S E
D J S O Ñ I N L E O G V S Ñ X
A E Z S D I C E S T T C O T A
D R G A D Y A L X O C G I G O
N O P M D U P L I C A R V U D
D Z V E N I E P J P L A T O O
C Z I N R O D O C V Z Z E P T
P M X T B O M B E R O M O N É
V V D E G R A N I Z O T U M M
```

DUPLICAR	FACILIDAD
DICE	GRANIZO
CUIDADOSAMENTE	GRASA
ENGAÑAR	CUPÉ
TESIS	LOTE
EXTRANJERO	MÉTODO
GUSTO	PEINE
CODORNIZ	PLATO
NIÑO	MUSARAÑA
BOMBERO	PILOTO

Puzzle 28

```
X O T A E S T A B L E C E R E
S D P Í G A N A R M I I Y P S
O N C I O G I M A M B I M O T
L S W B T M N C V L B O G H A
G E L A T I N A N W B S D C C
M C U S F D R O S E F O R P I
E L Z N I Q T F Y Z I K I S Ó
N U A U M E N T O M Y C G O N
E D S E R P I E N T E X N C S
O L I B E R T A D O P U O I U
C A N D A D O K B M H F R E E
A C T U A L M E N T E P A D R
U A G T R I R M J E K I R A T
D M A N T E Q U I L L A I D E
```

AMIGO
SERPIENTE
CANDADO
PROFESOR
LIBERTAD
GANAR
DULCES
ESTABLECER
GELATINA
MANTEQUILLA

SUERTE
ESTACIÓN
MENEO
CIENCIA
TÍO
AUMENTO
IGNORAR
ACTUALMENTE
SOCIEDAD
AZUL

Puzzle 29

```
N M D N C A E Y Q D T A F M C
V H O V N O U A O O K H A A O
E W O N K R N D N I E V E S M
C K C P I G F C I R G W N C P
E C U K M T A L L C M E E U A
S T P A M N O J B U I E I L Ñ
O G A L É I C R U M S Ó T I Í
P N D I N V A D I R Y I N N A
I V O I N C L U Y E N C Ó O R
N V A S T O K S V V A T I N I
T Q C T O D O O C I M Ó T A T
A C A D E N A V T V Y Y S Y X
R W E T N A T S N O C Y V U U
C N J U J U N N J N W R K C H
```

CADENA
OCUPADO
VECES
VIVO
TIRA
NIEVE
TODO
CONSTANTE
INCLUYEN
COMPAÑÍA

INVADIR
MURCIÉLAGO
VASTO
CONCLUSIÓN
AUDICIÓN
ATÓMICO
MASCULINO
TIENE
PINTAR
MONITOR

Puzzle 30

```
F  R  E  G  A  R  A  J  T  B  T  O  D  T  P
B  S  B  U  D  M  N  E  T  D  O  V  L  O  P
S  E  U  V  I  L  I  D  R  E  M  W  E  S  F
F  Y  N  G  H  S  C  C  K  Q  A  L  S  U  R
V  I  S  T  A  A  S  G  É  O  T  G  T  B  E
E  C  O  N  Ó  M  I  C  O  D  E  L  R  I  C
U  C  F  R  A  T  P  O  D  A  D  L  E  R  U
Q  L  U  U  M  U  J  E  R  T  I  E  L  L  E
N  D  X  L  E  M  E  X  Z  N  S  N  L  U  N
A  B  U  R  R  I  D  O  R  E  C  A  A  X  T
T  Y  M  N  F  T  T  Q  P  S  U  R  F  W  E
S  V  E  P  W  M  X  Q  C  A  R  I  C  X  N
E  B  R  H  J  K  F  O  R  F  S  Z  Z  G  E
P  J  O  U  X  K  S  H  Q  Q  O  X  O  Z  V
```

MERO	POLVO
DÉCIMA	FREGAR
PISCINA	FUE
DISCURSO	ESTANQUE
ECONÓMICO	TOMATE
SUBIR	ASENTADO
VISTA	NUBE
FRECUENTE	MUJER
ADOPTAR	ESTRELLA
LLENAR	ABURRIDO

Puzzle 31

```
C O L I S I O N A R S A D J A
M D U H C Q I Z U S E I A K L
L I V Ó M O T U A A O R J U F
I R M L Ó T N E S C H E W O O
R E S U M I R T Z A T O K T M
T U L I P Á N N R N M N R R B
L U G A R F W Ó J I T E Z A R
W S V S D G E I S P B L N G A
H J E Y G T I S Q S X U Ó A F
W C I R O T K I Q E Z A I L G
C A P I T A L C B U U Z C R F
Q U I Z Á S P E E E Í S I S R
N Ó I S I V I D R B Y A F D N
U U A L E T A D S F P Y A E X
```

DECISIÓN	IDO
SENTÓ	LAGARTO
QUIZÁS	LUGAR
COLISIONAR	AIRE
ESQUÍ	AFICIÓN
CONTRIBUIR	AHORA
DIVISIÓN	CAPITAL
ESPINACAS	ALFOMBRA
RESUMIR	AUTOMÓVIL
ALETA	TULIPÁN

Puzzle 32

```
R C T P E S P O N J O S O P R
N E G O C I O Ñ Ó O Q T D R E
N Q R C R W I O R C X R R Á T
P M A H Á P Z T R U X P A C E
C E V O P U S O A L I T Ú T N
O Y R D I Y S U M T N J D I E
L X E A D G O Q Q U X X P C R
E A S R A C E N Ó R U T H O X
C A E P M M A L Q A F G Q J G
C Y R M E A I M I A L T U R A
I A P O N A C C I V Y W Q S A
Ó I Z C T A L O T S I P G Y Z
N A T S E U P S E R A R T H A
G A N A N C I A S T P R P P R
```

MARRÓN
COMPRADO
CULTURA
RÁPIDAMENTE
NEGOCIO
RETENER
PRÁCTICO
RESPUESTA
PISTOLA
ÚTIL

PERA
CAMISA
PRIVILEGIO
GANANCIAS
TURÓN
OTOÑO
PRESERVAR
ALTURA
ESPONJOSO
COLECCIÓN

Puzzle 33

```
L L U V I O S O O B N A Y M J
C B D A Z N A I F N O C C I O
I T D O T L E U S E B L D T Z
Z X M R A N I B M O C A X A X
E X T E R N O S G F K R F D I
M P E R L G B G F U S A S W T
I R S U O O B J E T O R S B Z
E E T T R A C I F I T N E D I
M G A N T Í Y B U M E N O R Q
B U N E N R O Y E O K M W K F
R N T V O D D P R C W R J H T
O T E A C O Y X Z N A T I V O
T A X B I P C L A T E G E V Z
K L F J H X X E S T Ó M A G O
```

FUERZA	PREGUNTA
AVENTURERO	MITAD
ACLARAR	EXTERNO
SUELTO	IDENTIFICAR
MIEMBRO	MENOR
ESTÓMAGO	NATIVO
CONTROL	ESTANTE
CONFIANZA	LLUVIOSO
OBJETO	VEGETAL
COMBINAR	PODRÍA

Puzzle 34

```
F  H  R  R  O  L  N  H  X  M  P  F  G  C  A
P  I  S  W  J  O  U  V  Y  I  R  R  E  O  G
X  R  N  R  O  C  T  N  N  S  O  O  N  N  R
N  T  O  A  S  A  R  F  A  E  M  N  E  D  E
U  U  N  G  N  G  I  H  C  R  E  T  R  U  S
D  G  E  B  R  C  A  L  I  A  D  E  A  C  I
C  Z  N  C  M  E  I  G  Ó  B  I  R  L  T  V
Z  I  E  J  D  L  S  E  N  L  O  A  M  A  O
M  P  V  A  U  L  A  O  R  E  D  Z  E  T  Q
P  R  O  B  L  E  M  A  S  A  A  E  N  Q  Q
K  F  N  U  F  Q  Y  L  J  U  T  I  T  E  U
O  I  P  O  S  E  E  A  T  T  A  F  E  A  E
F  O  W  H  U  F  Q  V  Q  N  R  N  C  S  S
A  E  G  I  B  E  B  R  X  T  T  G  G  Í  O
```

PROGRESO	VENENO
OJOS	ASÍ
PROBLEMAS	POSEE
AGRESIVO	NUTRIA
QUESO	GENERALMENTE
CONDUCTA	PROMEDIO
FRONTERA	TRATADO
KIWI	LOCA
FINANCIERA	AULA
NACIÓN	MISERABLE

Puzzle 35

```
E E S C U C H A R O V Q P C B
X L S Z O N R E D A U C Z A A
C A A R O D A T U P M O C M H
E M T B A R E T É U S T W P Í
P O O C I U L L U E G O E A A
C R C S G O P O R W U D S N E
I O S Y Y Y M Z D K U O P I S
Ó S A B K M E F P A R M E L E
N O M D C O N J U N T O R L O
Q G E N I A L N V D M A A A O
M U U G M H I B J W P G R S I
W L I C R A D R O C E R O K V
A H X É P C H R M D G B O I G
H B E T N E S E R P L K L F E
```

ESCUCHAR
EMPLEAR
ATADO
PRESENTE
QUIÉN
ESPERAR
MASCOTAS
CAMPANILLAS
CUADERNO
COMPUTADORA

CONJUNTO
RECORDAR
LABIO
SUÉTER
EXCEPCIÓN
LUEGO
AMOROSO
GENIAL
HACE
BAHÍA

Puzzle 36

```
Z C V Q Y R P E P A V H E G H
Q J Y W U G P Y L V R H Z O G
S R D B R E A O A Q L M E L F
Y Y B K E T M D N R A G A P M
Z L H C V N M A O P I T R V S
T T F O L E E Ñ D S R G U U I
P B P S O D J E J O E T T K N
E U Q A S I O S N J J C C Y V
C A L L E S I N R E I N U M E
K G E R R E J E L I H M R O R
Y L Y J U R V W D V P P T M S
C A R Á M B A N O S P W S I I
Q C D A R A Z A F R Á N E A Ó
M I L L Ó N E N T E R O S V N
```

MILLÓN
MOMIA
ENTEROS
RESIDENTE
ENSEÑADO
TIPO
QUEMADO
RESOLVER
AZAFRÁN
INVERSIÓN

DAR
GOL
ESTRUCTURA
COSA
VIEJOS
ARMA
CALLE
PLANO
PAGAR
CARÁMBANOS

Puzzle 37

```
D B U U Y V U N F P B Y J A C
U O Ñ E R U S K M A P E U R O
V J L M Q V I N Q S O T E R L
M E V O D A D O L A O N G I O
P Í C D R C T M I D U E O B N
H K O A O O B N E O A M D A O
T P L I T V S U Q P U A N P S
G S L V O Q S A E U Q N U U C
P O O N M Z E L M N F R F L O
Q C P E K G Y D Y E A E O G L
E J E C U T I V O E N I R A O
E S R A P U C O E R P T P D R
V E N T A J A H C R H L E A V
M A D E R A I P C S S A Y K O
```

VENTAJA
COLOR
MOTOR
ARRIBA
DOLOROSAMENTE
PREOCUPARSE
JUEGO
REPOLLO
EJECUTIVO
TIERNAMENTE

MADERA
PASADO
BUENA
SUREÑO
MÍO
PULGADA
COLONOS
ENVIADO
PROFUNDO
DADO

Puzzle 38

```
Z H A R G F I X H H K H Z B E
C S G P O D G K I J M A Z A C
S O I R A N A C K Y Y A N S E
U R M B I E N V E N I D A T N
E U T A T U N D D I E E R A C
C C E I D Q K Z R F V C O N A
O S A D J R L K O D M A H T N
P O V O Z E E N B N K Y A E T
R G R B X C R J N G I G I L A
E K N L T U H A A Z U Z O B D
U V Q E J A I D S E K X Y E O
C J X X D S A A Z F D F H U R
R E L A C I Ó N Y N G X S M X
P U V E C I N O I P O R P M I
```

DOBLE	CUERPO
BORDE	RELACIÓN
SUECO	MUEBLE
SAUCE	COMADREJA
BIENVENIDA	QUE
ENCANTADOR	TIJERAS
VECINO	BASTANTE
NADA	CANARIO
CAZA	IMPROPIO
OSCURO	HORA

Puzzle 39

```
C U L P A B L E Y G Y T D I P
B I K L A F I L A D O R I N R
S G D E P S É C S K S A S T E
S E D O S A A K U Z Q T C E O
E Z Q O I J E C L Z T A U N C
V C U L A X C A B F A N T C U
H E U U C O Y O T E Z D I I P
N R E T R E V I V T K O R Ó A
O V Y Í H F O L C L O R E N D
M Y B P O R D E N Y C E H A O
J U E A K Z F L W H H N J S A
K L Y C O N Ó I S U C S I D F
E Q Q R L E E R V O Z Q E U N
M E N T A L D S B U X S F Q C
```

COYOTE
DISCUSIÓN
DISCUTIR
AFILADO
SEDOSA
TRATANDO
CASA
VERTER
ORDEN
CON

CÉSPED
LEER
MUY
PREOCUPADO
CULPABLE
FOLCLORE
CAPÍTULO
BLUSA
INTENCIÓN
MENTAL

Puzzle 40

```
L A R G O D A C H Q J C G H G
E S B H V E I M A R O R R E T
V N F S E M B C G D V A A I M
L D M O S D I G H J A Z V M S
X V I B T J R N P O K I E P Á
D Y P O I T W J Q O W N D A B
B A Ú L D X S E N R G A A G A
G R I G O N W M S X Z G D E D
D E S C R I B I R Q Y R Z N O
U B C O N G E L A R U O F T D
S E R A Z N E M O C M I W E D
D B L O C O A Q A Ñ A T N O M
C M D W T T O U V O L J R A Z
G O B A E Q D M Q E Y L U N A
```

BAÚL
TERROR
ORGANIZAR
BEBER
DICHO
SÁBADO
CADA
DESCRIBIR
ESQUINA
GLOBOS

VESTIDO
AGENTE
SER
LARGO
COMENZAR
GRAVEDAD
CONGELAR
LOCO
MONTAÑA
LUNA

Puzzle 41

```
E N T U B A N S R E D Í L L E
N I S U U T Q A E B V A C C X
J X D H Y S B V C M V S W U D
N O C H E I A I I T X Z X R F
R G D R K P Ñ V B N U B O I D
E M U C H O O X I J B Q D O K
S W X V G T W Q R U A P A S L
P A F V Z U J R H L Í Q D A I
O U P N N A J S O M B R E R O
N L H U R A C Á N M A I R V G
D A D I L A C V A T S G E H L
E W Z I M B J U O D P U H C M
N O N L K V L T Y Z S W U J J
M T O R T A S E M O R P S A L
```

CALIDAD   AUTOPISTA
NOCHE   CURIOSA
BAÑO   HEREDADO
SOMBRERO   MES
LÍDER   RESPONDEN
SABÍA   MUCHO
PROMESA   SAL
VIVAS   CUYO
RECIBIR   VOZ
HURACÁN   TORTA

Puzzle 42

```
M P R O P Ó S I T O N I V W G
T O A N C E S T R O E Z X M O
N S L U N I V E R S I D A D L
X O G E U S R C X H Q P P B P
X I P T S P X E T R A O W N E
J C G N O T R K A B N D Y Ó A
N E L A L R A I D L N R J I R
U R C L L U S R V R E I L S X
I P O L O Y O N C A A D E I Q
C X C I B X Z A P O D O Ó V P
V N I R P Q E F M N I A N E T
Y J N B O Z R C H A M P Ú L M
O R A F S D E E S C O N D E R
M Y R L E O P Q K T C T D T M
```

GOLPEAR
VINO
PRECIOSO
ANCESTRO
REAL
COCINAR
BOLLOS
UNIVERSIDAD
TELEVISIÓN
MOLESTAR

PODRIDO
ESCONDER
BRILLANTE
LEÓN
COMIDA
CHAMPÚ
PRIVADA
ARTE
PROPÓSITO
PEREZOSA

Puzzle 43

```
R M C O G B D E S G A S T E Y
L A U R G E I P V K A U X Q G
J R M R B W C A B E Z A B R A
T G P E I E O H S A F J P M I
L A L U U Z K A U K L O N X V
Y R E P X Q N U J Q H H X S L
F I A Y T Q A G D U M S T W Z
L T Ñ H K G X A S J S E Y F L
G A O B O L G L A D O T M N Í
O E S U M Y Q I E V B S A Ó N
L W V O H J N E D N E I T R E
P A P Z R A Z I L A E R Q T A
E D N U H S S L V X B T R A O
O L N N Q P Y C O M E R X P Z
```

REALIZAR
QUEMAR
AJUSTAR
COMER
GLOBO
LÍNEA
HUNDE
CABEZA
CUMPLEAÑOS
GOLPE

LADO
AGUA
DESGASTE
TIENDEN
TRISTE
MARGARITA
PUERRO
MUSEO
HOJA
PATRÓN

Puzzle 44

```
T R E F O R M A P C V N P I G
G S O C M Q M A A A V U R O Y
S H E C H O I A R J R E O S Y
E Z Q E D L W U A A Á V F H G
T N É C T A R T D E P A E O R
N F D P V N C O A M I Z S F A
O D J P M O D R R U D O I I D
M Q U A M I A I F R O Q O C U
A B R X F C Y D B A E F N I A
T E I T P A Y A A B L B A N L
L A N I F N B D P Z H T L A J
A D V E R T E N C I A D A N W
S L Y M R E C O M E N D A R F
Y J I M U C H A M I N O R Í A
```

FALTA
RECOMENDAR
NACIONAL
REFORMA
SALTAMONTES
PARADA
PROFESIONAL
RÁPIDO
MINORÍA
AUTORIDAD

CAJA
GRADUAL
ADVERTENCIA
OFICINA
BERRO
MUCHA
FINAL
NUEVA
NÉCTAR
HECHO

Puzzle 45

```
A D A D E F T K B L U H E R S
R C Í L O L A F Ú B P P N U I
R A R L T M H Z G Y G E O J M
E L E E C E U Q N U A R J C P
G C U G A L R J L D C D A O L
L U Q A C B W N H A E O D N E
A L P L O A T S A H T N O J M
D A E G R T D S P T O A K E E
O D W F D S I R I F I R T T N
I O Y Y E E B V D H L V U U T
D R C H R N Z C A F B R A R E
W A C Y O I O Y Y S I V X A E
Q O T I E R R A C E B Y G C F
X S O B R E S A L I E N T E A
```

SIMPLEMENTE
BÚFALO
AUNQUE
SOBRESALIENTE
ARREGLADO
LEGAL
HASTA
CALCULADORA
EDAD
BIBLIOTECA

IRIS
CORDERO
CONJETURA
ACTO
TIERRA
INESTABLE
QUERÍA
ALTERNATIVA
PERDONAR
ENOJADO

Puzzle 46

```
E U Z N G I K R C D M U R Z Z
N J G Y W N X L C E A C A L P
F D U D E D R M A V L M Y C B
E I R O V E U N B E X D A Í D
R N E O Z P B W A L K S A R I
M C N H X E R G Ñ A M N G N C
E L D A T N E R A U C I R D I
R U I C E D F T K C U Ñ A M U
A I M Q U I Y Y K Q W O C D D
H D I Z S E U Q O L B S B E A
Z O E E T N E M A R A L C L D
H I N V C T C A Q R L P S F A
J K T I O E I S J Q V U N Í N
L C O L C A M I Ó N U G S N O
```

CIUDADANO	NIÑOS
DELFÍN	CABAÑA
VELA	CUARENTA
DUDE	DÍA
CLARAMENTE	CELDA
INDEPENDIENTE	BLOQUE
CAMIÓN	NUEVO
INCLUIDO	PLACA
ENFERMERA	CARGA
RENDIMIENTO	DAMA

Puzzle 47

```
M  I  B  Y  B  A  J  E  B  A  Q  T  P  D  I
R  A  L  U  Z  C  O  G  X  H  Z  Q  O  E  B
D  A  T  L  Z  E  T  N  E  M  G  J  B  S  C
E  E  N  E  Y  R  M  A  Ñ  A  N  A  L  A  C
S  G  S  G  R  O  L  P  M  E  J  E  A  R  A
P  R  K  I  O  I  R  S  C  F  N  Z  C  R  L
A  A  C  A  E  R  A  B  O  R  P  K  I  O  T
D  C  Y  D  B  R  Q  L  M  Y  J  Y  Ó  L  I
A  I  T  X  J  T  T  U  I  U  Q  T  N  L  T
U  A  B  R  E  V  E  O  T  T  R  E  S  O  U
W  S  R  A  Z  Ó  N  F  É  T  X  Q  D  G  D
I  N  F  O  R  M  A  C  I  Ó  N  C  V  R  Z
B  R  E  F  R  I  G  E  R  A  D  O  R  D  X
V  X  O  V  Y  D  Y  A  D  B  A  N  L  T  F
```

EJEMPLO	ACERO
ALTITUD	MENTE
RANGO	MAÑANA
POBLACIÓN	COMITÉ
DESIERTO	INFORMACIÓN
BREVE	ESPADA
REFRIGERADOR	GRACIAS
RAZÓN	PROBAR
TRES	DESARROLLO
MATERIAL	ABEJA

Puzzle 48

```
A C O N S E J O V D T K S C E
O T C F R A L U G E R R I E S
R A E P I T H Y H X I U Y R C
T L P N P S M L P N A N X D E
O T C Y C E S A G R A N T O N
G O P V G I T M V Y Q Z C E A
R G X H U A Ó I F U Q L X J R
A S O M B R A N R Q U Z D K I
F É C C Z O R A A R P E Z F O
Í T U E N T R A D A O B U W R
A R R V K R R I W A Z J N D T
P O T C O N F I A B L E O G A
U C C O M P E T E N C I A S E
P E G A M E N T O X O Z S I T
```

PETIRROJOS   CONSEJO
PEGAMENTO   GRAN
ATENCIÓN   TEATRO
ANIMAL   ESTA
CORTÉS   CONFIABLE
TRUCO   ALTO
SOMBRA   CERDO
VEINTE   ENTRADA
ESCENARIO   COMPETENCIA
ORTOGRAFÍA   IRREGULAR

Puzzle 49

```
N R X R N C E B G S O Z C B S
A E T S E A M N X P U D Ó R A
R S G C H T V I F J F F T U P
A P A O L S W E Ó R E Y R F O
N E N M V Á E R G E M S E I A
J T A P C N X B E A I D P A R
A O D R K D E M L C R G S I A
A O O A A W U U L E U Q E O R
M N N R E I T C T D S X D Q I
H W O D A C R E M I I E X O P
U N U S U H P R Ó X I M O O S
C A B A L L O E M P E Z A R E
C O M P L E T A M E N T E H R
J E Z B E F F Ú T B O L L B K
```

DESPERTÓ
CUMBRE
PRÓXIMO
EMPEZAR
GANADO
COMPRAR
LLEGÓ
RESPIRAR
CABALLO
MERCADO

RESPETO
NARANJA
ESTE
NAVEGAR
FÚTBOL
SAPO
SÁNDWICH
COMPLETAMENTE
DECAER
SUFRIR

Puzzle 50

```
K A Y B V G L I C E N C I A D
T S O G A I E O N R E D O M E
S O D I K L S O M I X Ó R P T
E P A L O H O I G Y H G T H E
R I S I B L E N B F J V N Y R
O R N Í D R A J C L J V E T M
L A A P T R O U H E E M C C I
F M C H V Q W G N N S S F Ó N
F U E N T E J M W A T T K N A
F R E N T E S M T I M Q O D R
I M P R E S I O N A R R D O H
E N T R E N A M I E N T O R Y
F A I S Á N A Z E C R C N I Q
G S L T X M U K S T B Y S N C
```

FAISÁN   IMPRESIONAR
FUENTE   PRÓXIMOS
DETERMINAR   MODERNO
CÓNDOR   JARDÍN
VISIBLES   FLORES
RISIBLE   FRENTE
MARIPOSA   HOLA
MANUAL   CANSADO
CENTRO   BALONCESTO
ENTRENAMIENTO   LICENCIA

Puzzle 51

```
M M I E D O P U R G E Y W L S
C A S E R P R O S I S I R C U
L A R F R A I L E C I L L O Y
R M L I E X P E D I C I Ó N O
E Y O I Q A C E R C A R S E U
C S E D E U Q D R B A N S A D
A Y P U O N I X C M R H P B T
H C N E M L T T A C U E R D O
T U K W R R Z E A V R U C R R
K N M O D A I F N O C W C H A
M A I J E B N E N T E N D E R
I K H K K Z J Z I P Á L Y V Q
Z E T N E M A D A M E R T X E
T L Q D O R M I T O R I O E R
```

CURVA	MIEDO
GRUPO	MARIQUITA
SUYO	CONFIADO
DORMITORIO	EXPEDICIÓN
FRAILECILLO	ESPERANZA
CRISIS	SORPRESA
HACER	CALIENTE
ACUERDO	ENTENDER
ACERCARSE	CUNA
EXTREMADAMENTE	LÁPIZ

Puzzle 52

```
I  M  P  O  R  T  A  N  T  E  M  G  K  Z  H
Á  P  U  N  T  I  A  G  U  D  O  L  U  M  W
D  R  O  I  N  E  S  R  E  C  U  E  R  D  A
E  C  B  T  D  Z  T  E  S  P  O  S  A  Q  Y
N  F  L  O  A  V  I  T  I  S  O  P  L  J  C
T  Ó  F  I  L  B  S  O  L  I  T  A  R  I  O
I  S  L  R  E  E  L  B  I  X  E  L  F  B  E
S  F  P  E  T  X  S  E  V  N  N  I  J  D  N
T  O  V  T  O  H  C  E  R  T  S  E  P  W  I
A  R  W  S  H  E  V  E  C  O  D  P  Z  Z  R
Z  O  Y  I  Z  S  E  W  P  O  J  Q  Z  A  T
F  R  N  M  Y  Q  K  R  P  T  M  U  C  L  I
D  E  J  A  N  D  O  A  M  G  O  C  M  L  D
W  L  K  C  G  L  E  N  F  O  Q  U  E  J  K
```

SOLITARIO
DOCE
ESPOSA
TABLERO
DENTISTA
EXCEPTO
TELA
DEJANDO
PUNTIAGUDO
RECUERDA

ENFOQUE
FÓSFORO
IMPORTANTE
POSITIVA
MISTERIO
TRINEO
ESTRECHO
SENIOR
ÁRBOLES
FLEXIBLE

Puzzle 53

```
D C H Á B I T O N C D F I C A
F E A C O M E T A A E M N O U
Z I S P O K O H N M S E T O T
N U L A T K Y T A I E D E P O
V M C A P U F T L N C I R E M
U R K Y Q A R A O A H C C R Á
G E V N Z M R A D N A I E A T
S N B W A S F E I D B Ó P R I
S E Q U Í A Y E C O L N T W C
L T S D D T C L A E E U A N O
L N B E N N V O N O N Y R N Z
L A Y A A A C I T Í L O P X V
B M M Y S F E B T R A B A J O
Ú L T I M A M E N T E K W G Q
```

SANDÍA

SEQUÍA

CAMINANDO

COOPERAR

DESECHABLE

NACIDO

DESAPARECEN

HÁBITO

INTERCEPTAR

ÚLTIMAMENTE

LANA

COMETA

MEDICIÓN

AUTOMÁTICO

MANTENER

FANTASMA

CAPTURA

POLÍTICA

FILA

TRABAJO

Puzzle 54

```
B D E A B A L A U N A D E C K
E S T A B A L Á S G D O N O K
Y A N R N J I Y G Z A D T M W
A F E U E X S X W R D N E E C
Z A M T G L X Y L F I A R R E
Ú R L A I X A T B Í N M A C R
C I A I M N H E Y S U O A I E
A J M V G I G D U I B T C A Z
R W R E T S E L D C Z N I L A
S D O R A W F N É O L C T X B
Y T F B J U D H T S U P Í D E
Z J L A O L L I T R A M R B L
L I B É L U L A R J A P C H C
C A R A M E L O G D B S Y E F
```

MARTILLO
CRÍTICA
TOMANDO
TAXI
LIBÉLULA
FÍSICO
ENTERA
FORMALMENTE
ESTABA
LÁGRIMA

UNIDAD
ANUAL
ABREVIATURA
COMERCIAL
CARAMELO
AZÚCAR
CEREZA
INGLÉS
JIRAFAS
MIENTRAS

Puzzle 55

```
W  J  O  N  B  B  P  R  E  N  S  A  A  O  L
L  D  P  Ó  P  X  O  F  I  Z  A  D  A  Z  A
O  S  O  I  C  N  E  L  I  S  R  N  L  R  T
Y  J  F  T  D  X  M  B  Í  K  O  E  U  A  I
R  J  Y  S  J  O  P  G  N  G  H  I  M  R  D
N  O  X  E  C  R  L  E  A  W  R  T  R  A  O
V  Z  L  G  Z  E  E  U  Z  X  R  A  Ó  P  A
A  E  V  I  A  Ñ  A  Z  A  H  E  L  F  M  B
I  R  H  C  O  H  D  D  L  W  L  W  O  O  U
S  B  J  Í  A  L  O  T  R  E  I  B  U  C  E
L  M  R  F  C  R  S  D  R  Z  U  F  Q  B  L
A  O  A  Z  D  U  I  R  V  Z  Q  C  J  U  A
D  H  D  T  H  L  L  B  H  E  L  A  D  A  S
O  U  O  P  X  Z  Y  O  Ú  J  A  Z  E  I  P
```

PRENSA	PIEZA
LATIDO	TIENDA
SILENCIOSO	CUBIERTO
HELADAS	AISLADO
HAZAÑA	CARIBÚ
ABUELA	FÓRMULA
COMPARAR	HORAS
BOLÍGRAFO	GESTIÓN
EMPLEADOS	ALQUILER
HOMBRE	VEHÍCULO

Puzzle 56

```
S E L E C C I O N A R L A R C
A M L Q L S M D B T O E C E O
N T I W B G U A V N D C T P M
A X E N G O J R S E A H I R E
R I R D O C O T O H C O T E R
P R A U N I T N O C R R U S C
M A E R R T U E N O A U D E I
E T R D O Á P C Q V M G L N O
T I C Y T R D N B E I E S T D
J V T U S C N O O O J S U A A
Q E R F A O O C R T P K Q R V
P A R A R M P R O G R A M A E
J W B T T E T N A S I U G Y L
Z X D R O D A C I L P M O C L
```

OCHENTA
REPRESENTAR
SELECCIONAR
COMERCIO
TEMPRANAS
LECHO
PARA
CREAR
EVITAR
PROGRAMA

DEMOCRÁTICO
CONTINUAR
CONCENTRADO
TRASTORNO
MARCADOR
COMPLICADO
LLEVADO
SEGURO
ACTITUD
GUISANTE

Puzzle 57

```
N E M I C P E R I Ó D I C O F
D A E M H O C I F Á R G T W R
Q G X P P E R B Z Z C J C A I
G J T O R S R O S E B Z O L J
U U R R E C A R N H U M O G O
D F A T V S T H A A V N O O L
R I Ñ A E Y C G W M S M N R X
A E O C N B E O J D I U I M X
L B S I I I L O C Q F E T Y Z
U R X Ó R N O R B H U F N H Z
C E Y N L A C T W F T U E T Q
L U N P H E E R E I U Q P I A
A P R E S U R A D O R O E W F
C C U I D A D O S O O Y R M Q
```

HUMO
BESO
REPENTINO
FUTURO
PREVENIR
CUIDADOSO
EXTRAÑOS
HERRAMIENTA
QUIERE
APRESURADO

FRIJOL
ALGO
RECOLECTAR
NUEZ
IMPORTACIÓN
CORONA
CALCULAR
FIEBRE
PERIÓDICO
GRÁFICO

Puzzle 58

```
D C Z B O T E L L A S P C K G
C D E U D L Y I H H F I O B A
O T R G O K I G B C T E R P S
M K Z W Í C A N Q U L L U E O
P V O X R Y R K C D C R G R L
A U R H E A B F K E C F M D I
Ñ F G X P B L C U E R V O E N
E M I N U T O L K Q M Z X R A
R N L L S S C R A N M U L O C
A Z E F I E R C O F O J D M K
H W P R Q C A L E N A C A Z P
Y A N H I O B U K X D D O A E
J X B E V E R Y S O R A J Á P
K R B M E N W T R E N G Q U E
```

GASOLINA
MINUTO
FALLAR
LINCE
PELIGRO
TREN
PÁJAROS
BOTELLAS
PIEL
CUERVO

RONDA
PERÍODO
CANELA
PERDER
COLUMNA
VER
BARCO
COMPAÑERA
SECO
DUCHA

Puzzle 59

```
R  I  F  J  F  T  D  O  M  I  N  G  O  E  M
E  C  U  C  W  B  E  T  N  E  D  I  C  C  A
L  C  U  E  N  T  A  R  E  D  N  E  T  X  E
A  C  Á  S  C  A  R  A  R  B  O  R  V  D  E
C  N  N  R  P  T  U  A  J  E  R  O  T  E  S
I  Q  G  A  L  F  I  L  E  R  S  G  G  Z  P
O  L  U  C  Á  T  C  E  P  S  E  T  J  T  E
N  T  R  I  D  N  A  P  X  E  M  L  R  N  C
A  Y  V  F  O  I  C  N  E  L  I  S  I  E  I
R  F  G  I  U  W  G  E  S  C  U  E  L  A  A
S  L  G  D  S  K  H  E  P  A  V  O  D  Q  L
E  O  D  O  M  Ó  C  Z  R  X  T  W  A  R  V
O  A  S  M  Z  Y  F  A  C  I  P  Í  T  D  L
L  A  V  A  N  D  E  R  Í  A  R  I  C  P  P
```

LAVANDERÍA	OREJA
DOMINGO	TERRESTRE
EXPANDIR	CÁSCARA
ALFILER	CUENTA
PAVO	TÍPICA
ESPECIAL	SILENCIO
DIGERIR	MODIFICAR
ACCIDENTE	ESCUELA
RELACIONARSE	CÓMODO
ESPECTÁCULO	EXTENDER

Puzzle 60

```
F O T C I D E R E V O L K R T
M I J E O Y K D I Q R L Y E O
A L E U R I C D O N E A U P A
A Z A S U M I C S T J M P E L
S S N Q T D Ó O O Y U A F T L
I B D A Z A O M L B G D Q I A
L K Q N E J S M E L A A G C Y
L D K A H U V E T T Q S J I D
A E G C R G W N U Z R J E Ó Z
G L U I Y A V C A C N O S N Y
S G E R A N O I C C E P S N I
L A R E K L N Ó I R T I F N A
Y D R M R O D N A L P S E R G
N O A A Z O A C O M P A Ñ A R
```

BASE
FIESTAS
TERMÓMETRO
AMERICANA
GUERRA
LLAMADA
ACOMPAÑAR
MENCIÓN
ANFITRIÓN
AGUJA

DELGADO
CAUTELOSO
VEREDICTO
RESPLANDOR
REPETICIÓN
AGUJERO
CIRUELA
TOALLA
SILLA
INSPECCIONAR

Puzzle 61

```
V  R  N  Ó  I  C  A  S  R  E  V  N  O  C  G
E  W  V  A  C  I  N  C  É  T  W  X  D  L  R
L  L  O  R  A  R  M  I  D  R  M  E  R  U  U
C  A  H  O  Z  P  R  U  M  I  R  W  A  B  Ñ
U  R  K  D  L  O  S  D  C  T  D  S  P  R  I
A  R  Q  E  M  I  A  A  K  R  F  R  O  I  D
L  E  L  N  V  I  N  D  F  E  J  N  E  T  O
Q  G  T  E  N  H  D  T  O  V  H  P  L  R  B
U  L  B  T  F  W  K  I  E  E  P  O  L  A  G
I  A  W  R  S  K  C  X  E  R  Y  P  F  P  M
E  R  Q  C  U  O  B  D  E  N  N  V  N  M  G
R  M  B  J  B  J  Q  C  Y  Z  D  O  C  O  P
A  P  O  S  K  H  A  Ñ  I  P  D  O  W  C  N
I  N  V  E  S  T  I  G  A  C  I  Ó  N  N  F
```

CONVERSACIÓN
ARREGLAR
LEOPARDO
GRUÑIDO
TÉCNICA
GALOPE
TENEDOR
COMPARTIR
PIÑA
BRUJA

POCO
MIDIENDO
CLUB
CUALQUIERA
CIUDAD
INVESTIGACIÓN
LLORAR
INTERNO
SOPA
REVERTIR

Puzzle 62

```
R  P  O  V  I  T  C  A  T  W  G  N  R  K  C
M  Á  U  F  Y  N  V  I  O  L  E  T  A  S  O
A  S  B  L  G  G  T  E  A  M  M  J  G  I  C
R  R  V  A  G  I  F  E  J  V  R  F  L  E  I
T  M  X  V  N  A  M  W  R  F  I  D  O  T  E
E  B  H  O  X  O  D  B  S  R  F  H  C  N  N
S  Q  I  L  V  P  T  A  M  P  U  A  Q  A  T
L  I  M  O  N  A  D  A  S  X  E  M  O  T  E
I  N  T  E  R  A  C  C  I  Ó  N  O  P  S  A
E  F  C  P  N  S  U  P  U  E  S  T  O  I  K
D  E  C  I  R  E  N  E  M  I  G  O  S  D  R
D  E  S  C  U  B  R  I  M  I  E  N  T  O  J
P  E  Z  U  Ñ  A  T  R  I  Á  N  G  U  L  O
V  Í  C  T  I  M  A  G  O  B  I  E  R  N  O
```

TRIÁNGULO	GOBIERNO
MARTES	DECIR
VIOLETAS	DISTANTE
COLGAR	VÍCTIMA
INTERRUMPIR	COCIENTE
INTERACCIÓN	FIRME
LIMONADA	ACTIVO
PULGADAS	DESCUBRIMIENTO
ENEMIGOS	RÁBANO
PEZUÑA	SUPUESTO

Puzzle 63

```
Q Y D B E I S U S Q Z P E I L
B E E I T F A M U S B R H E I
N Z O D N A L B A H K E D N B
E S G X E D C N Y I P S N H R
M P P V I A H X I S R T Ó X A
I O A T L N I A K S O A I K S
R I S T A A C K Q C I R C O G
C D N T V M H U V A R X R V M
H N K L R V A I C N E L O I V
L G U H K Ó S X T I F M P T P
R E C I E N T E M E N T E A A
P E R M I T I R J R I G Z G U
P A R T I C I P A R N E H E S
K Y A B R A Z A D O A L C N A
```

SUMA	DIO
PORCIÓN	ABRAZADO
VALIENTE	HABLANDO
SALCHICHAS	MOSTRÓ
MANADA	PARTICIPAR
PAUSA	VIOLENCIA
CRIMEN	INFERIOR
NEGATIVO	PERMITIR
PRESTAR	LIBRAS
RECIENTEMENTE	REINA

Puzzle 64

```
K C R B D C K F O I Z Y U D Y
C O N F U N D I R X Q W X E E
E A C T O R A T I M I O A N N
T R I M E S T R E B E D C O D
N A H Z J L E Y J A Q A I M O
E R O Z A L A L G F K L N I M
I T C I N T M A A X C B C N E
D S R M O D I N V I A U O A N
E O C J S F K C F I C N D D O
R M U T R R R C U O Ó O U O S
G E G P E L C H I C O N S R T
N D R K P A C T U A L D W F U
I L A G L A L R E D E D O R W
U Y K X Y Y T B V E W W H P O
```

ACTUAL
DEMOSTRAR
ALREDEDOR
AVIÓN
INGREDIENTE
CINCO
NUBLADO
MENOS
PERSONAJE
LAZO

NIDO
YENDO
ACTOR
SOCIALES
CONFUNDIR
IMITAR
DENOMINADOR
CHICO
TRIMESTRE
DEBE

Puzzle 65

```
B A T D D T O C F C F N O B G
W E N Ó J E T L T O G F B R V
P H N D J M P S D C R W S O G
T L E E Á S R O K H R A E M P
C L M C F Ó I T R E T H R E X
P M A L O I W S P T S I V A E
F S X R S D C E Y E E P A R C
F D E Ó S A M I J L T O R X P
C A S I C L H N O E N P U Q I
O V D C V I G G N C E Ó J H N
D X B E S H S Q A C I T Y Q T
N Z R R N C A B R I C A U S U
H M X C W O P B E Ó E M E F R
A Z A D A M M M V N R O J U A
```

ADIÓS
CRECIÓ
COCHE
ELECCIÓN
HIPOPÓTAMO
MONEDA
TEJÓN
OBSERVAR
ESTOS
DEPORTE

MOCHILA
BROMEAR
CASI
PINTURA
EXAMEN
RECIENTE
BENEFICIO
VERANO
AZADA
SOFÁ

Puzzle 66

```
M R E C O N O C E R M K S H R
C E A S C E N D E R X I Z K O
W L M J U G U E T Ó N B K B D
S S X O Y O P A L L I R A M A
E A P X R O M A N O L T D O T
S C L N Ó I C A U T I S T H O
P C I T C S A S O I C A R G L
A U U E A S O L I C I T U D F
C A F M M R A R C U L O V N I
I C Q P R P D B V A N D O O U
O A T E L C I C I B X I X A D
M U W F Y I T É O S E R P X E
V E R D E H D O S V V A G F Q
V F O H O I R A T N E M O C L
```

GRACIOSAS
SOLICITUD
CIEMPIÉS
INVOLUCRAR
MARIDO
RECONOCER
ESPACIO
EXPRESO
SITUACIÓN
FLOTADOR

VERDE
COMENTARIO
APOYO
AMARILLA
JUGUETÓN
AMOR
SALTAR
MEMORIA
ASCENDER
BICICLETA

Puzzle 67

```
N C L D C D S T H E R I R Y C
A O I U A E O R O D A R I M A
T M N L U P N E S R S Y D R R
A B T C S R F Q N A T M O G A
C I E E A I O U A N K U K O C
I N R R T M J E G O K T G D T
Ó A A V C I O R J I D O S A E
N C C N I R D I T C F R D J R
J I T V S E A R N R Y E X U Í
W Ó U C Y V N J A O Y N K P S
C N A J O H I E B P I A G M T
P R R U O N E F O O Z R F E I
G Y I I K U R H P R O G H Z C
G P R D P O B R A P A R T A A
```

CARACTERÍSTICA
TORTUGA
ATRAPAR
NATACIÓN
VIENE
HERIR
GANSO
COMBINACIÓN
PROPORCIONAR
EMPUJADO

NABO
DOS
INTERACTUAR
MIRADO
REQUERIR
REINADO
DEPRIMIR
GRANERO
CAUSA
DULCE

Puzzle 68

```
W A F N Ó C L A B D M H E L S
A C C J M E J O R U C K G A U
I C C E T N E I C I F U S D B
N I V J S R B P K A O A X O I
V Ó G P I E R T R G W K N S D
I N R A N G I S A O I D O D A
E D S C D M O T E L C Q D Y A
R E P N Z A H T P K R E V A N
N L V U D R J K Q R A Y D A I
O I S N J Q Q O Z V O Y D E R
R C A B U E L O M L G H M W R
B A Í R U D I B A S Y L Z I T
W D D E S P L A Z A R T T A Z
I O T N E I M A T R O P M O C
```

DESPLAZAR
MOTEL
ASIGNAR
DELICADO
ABUELO
ACCIÓN
SABIDURÍA
MEJOR
LADOS
PROCEDER

SIN
BUFANDA
BALCÓN
MOJADA
INVIERNO
COMPORTAMIENTO
NUNCA
ODIO
SUBIDA
SUFICIENTE

Puzzle 69

```
F I N A L M E N T E S G S G L
O J H X E T N E M E L B A M A
P R E C I O Á L E J L H L H L
E V M N Y F P A P E A A U E F
A N O M É N A V A J J W D R L
N P Ó S K X P A P R C Q A M W
R W L R X D M R A O H U B O V
E D S A B M O E R R O C L S A
I E R G Z I Z L D X L W E O D
P B Z S A A T L A I C N E S E
M I S I Ó N R A X C S O Y O M
O P I N I Ó N T M H R I R Q Á
N I N G U N O E P H Y J A O S
J Y J F W N W D F F E T H Z F
```

ESENCIAL
HERMOSO
CORREO
ADEMÁS
AMABLEMENTE
PRECIO
PAPA
PAPÁ
MISIÓN
OPINIÓN

NINGUNO
ÓRBITA
DETALLE
ORO
SALUDABLE
APLAZAR
PIERNA
LAVAR
FINALMENTE
ANÉMONA

Puzzle 70

```
T R I T I M D A E R K J T K F
V R E K A I F G S E P R K Z O
J Q A L O S E A C U U A M P B
T F M T O M W F E N Ó C L A H
Y J R E A A R Á N I M I Z B S
E O O C N M C R A R O J E M C
L D F S T F I T O S I P X O O
F I E S T A E E D E P M N L M
B P S A D I V R N P H M F L P
D S B S J P X E M T I M P I R
P E O O C A V X E E O L O S O
C D J C Z P M R L I D L T L B
C H S A R E Y D T B U A I O A
C E H G R L P E O W Q N D B R
```

REUNIRSE
VIDAS
PAPEL
HALCÓN
FIESTA
ADMITIR
RÁFAGA
ESCENA
COSAS
ENFERMEDAD

BOLSILLO
COMPROBAR
MISMA
PISO
FORMA
MEJORAR
DEJAR
TRATAMIENTO
SOLO
DESPIDO

Puzzle 71

```
I  L  M  M  O  V  I  M  I  E  N  T  O  J  P
A  A  D  A  L  L  I  N  A  P  M  A  C  O  O
G  R  U  T  N  Ó  I  C  A  R  O  S  A  I  S
C  U  K  I  E  E  T  O  G  G  T  E  F  N  I
J  T  E  C  Y  V  J  C  I  O  S  R  R  T  C
K  A  Í  R  O  E  T  A  Q  W  E  V  I  E  I
B  N  B  H  E  W  D  P  R  R  R  I  I  R  Ó
S  O  L  U  C  I  Ó  N  Ú  N  Z  C  R  É  N
I  É  R  I  T  M  O  F  Q  B  P  I  R  S  S
S  U  U  M  E  Z  C  L  A  F  L  O  D  E  D
V  R  O  P  W  S  Y  N  P  U  R  I  Z  J  H
G  E  S  S  A  Ñ  A  T  S  A  C  C  X  N
P  X  Y  T  G  E  R  W  P  M  S  X  Z  O  R
W  R  M  K  M  O  D  Í  A  R  T  K  M  Y  P
```

ORACIÓN	POSICIÓN
RESTO	MEZCLA
MOVIMIENTO	INTERÉS
SERVICIO	CAMPANILLA
OYEN	MANEJAR
TEORÍA	PÚBLICO
CASTAÑAS	TRAÍDO
NATURAL	RITMO
CITA	SOLUCIÓN
DESPUÉS	DEDO

Puzzle 72

```
A Y U S Y V I R H E U P C C E
O P M A C L S E F I F I A Q S
R G I Y T O U Q A L E G R E P
W V H O Y D D U K J E J S C E
C O N I M A C I X R M U I O R
S I G L O I A E M K V N G M A
H A M Q G S K R E Í B T N P D
V O V N H A O E I D T A I R O
H A B Í A M N A D A R S F A R
R W Z E Y E N Z F J G Y I F R
Z N A T O D A T S U S A C U U
I N T E R E S A N T E H A E B
I N S P I R A R U N T Q F R P
T R O P I C A L S I Q V A A T
```

FUERA
REQUIERE
ESPERADO
HABÍA
DEMASIADO
TROPICAL
INTERESANTE
CAMINO
SIGNIFICA
JUNTAS

ASUSTADO
COMPRA
NADAR
INSPIRAR
APIO
ALEGRE
CAMPO
SIGLO
TÍMIDO
BURRO

Puzzle 73

```
P E R M A N E C E R S I U A W
T É R M I N O S F H Q E U Á V
C L A V E B O T A R A B Ñ M R
R E L B I T S E M O C F J A R
C A C H O R R O I O I J X M L
I N Ó I C A C I L P I T L U M
Z M G X I Z A C I S U T D K E
V I R T U A L M A U I A E M S
D I F E R E N T E E P R B Y S
N H D N Y A H D G L Q E A S R
X T F R H T C Q U O B A T F C
W R X A R I T N E M E O E V K
Q S F C Y P R A B R U T R E P
P R O N U N C I A C I Ó N P L
```

VIRTUAL	DEBATE
MAMÁ	TAREA
SEÑAL	BARATO
PRONUNCIACIÓN	CACHORRO
TÉRMINOS	CLAVE
MENTIRA	DIFERENTE
COMESTIBLE	FAMILIA
MULTIPLICACIÓN	PERMANECER
SUELO	CARNE
PROBLEMA	PERTURBAR

Puzzle 74

```
J K Z X N M T G N H X Z C T P
U G O F M J C O D W A P I A A
G G B B T M O D B P W H E M T
O D U N E M N I C O O C L B I
S V P O L F F F O D G C O O N
E A I A B R E E N E Z Á O R A
C M M M I Z R R D C F Q N S R
R P I X G K E E U L E R R O R
E I E U E B N N C A C R E V M
T R N K L S C C I R T A J Z R
A O T W E M I I R A G V M J J
R G O L R F A A D R Y C X A I
I G H O M B R E S O R T O B G
A C O N F L I C T O H T F L G
```

HOMBRES
CONFERENCIA
CONDUCIR
ELEGIBLE
POCOS
DECLARAR
CIELO
TOBOGÁN
DIFERENCIA
CAMA

PIMIENTO
CONFLICTO
OTROS
TAMBOR
ERROR
PATINAR
VAMPIRO
SECRETARIA
JUGO
MENUDO

Puzzle 75

```
P  I  C  O  T  E  A  R  O  J  V  V  O  I  B
H  P  O  D  E  R  G  B  P  E  G  O  R  N  I
H  Á  B  I  T  A  T  Y  O  G  C  L  E  V  E
G  D  N  H  C  E  U  Q  R  O  P  U  T  E  N
M  K  B  H  W  O  S  F  T  X  R  M  P  N  O
V  A  R  I  O  S  S  J  U  K  S  E  Ó  T  C
T  A  L  E  N  T  O  T  N  N  S  N  C  A  A
T  É  R  M  I  N  O  P  I  F  Ú  B  I  R  U
H  I  N  W  C  V  H  P  D  A  H  M  L  H  C
R  E  V  I  S  I  Ó  N  A  M  W  D  E  G  H
H  B  J  V  N  K  H  U  D  O  C  V  H  R  O
C  Á  M  A  R  A  J  M  D  S  S  X  R  M  O
M  G  Q  A  Z  V  Z  O  N  O  F  É  L  E  T
R  E  C  R  E  A  T  I  V  O  L  K  P  U  S
```

TÉRMINO   PORQUE
BIEN   FAMOSO
RECREATIVO   CÁMARA
REVISIÓN   TALENTO
TELÉFONO   NÚMERO
PODER   VOLUMEN
SOCIO   VARIOS
OPORTUNIDAD   CAUCHO
INVENTAR   HÁBITAT
HELICÓPTERO   PICOTEAR

Puzzle 76

```
R W A H C U L V W L S P G M D
S E I H E V A A D A É R E A E
G H U W N D Q Y C N P O N G S
I X S T A L E T S E T V E N E
M D A D I T N E D I I O R Í S
P O I V O L A G E R M C A F P
U Q L N N Ó I S I V A A C I E
E O I U R W O Z V B L C I C R
S H M R E G L A A E A I Ó O A
T U A R E M I R P B T Ó N A D
O X F N T I R A R Y L N W D O
H A M B U R G U E S A E S I R
V R F H D X A B P N C W G I H
Q A L T Z Y O V W M H Y P R C
```

TIRAR
IMPUESTO
SÉPTIMA
HAMBURGUESA
DESESPERADO
MAGNÍFICO
IDENTIDAD
CENA
REUTILIZABLE
LUCHA

VISIÓN
ALTA
REGALO
VIO
FAMILIAS
PROVOCACIÓN
GENERACIÓN
PRIMERA
REGLA
ESTELA

Puzzle 77

```
F  I  N  V  I  T  A  R  A  Ñ  E  S  N  E  Z
R  A  S  N  A  C  S  E  D  A  C  A  K  V  A
V  Z  M  D  I  S  P  A  R  A  R  L  F  U  P
I  O  V  I  T  N  A  T  S  U  S  U  N  E  A
E  Z  N  Q  L  R  V  J  Y  Z  I  D  J  L  T
N  D  A  D  E  I  P  O  R  P  I  V  U  E  O
T  N  M  R  O  D  A  J  A  B  A  R  T  N  S
O  S  O  L  L  U  G  R  O  X  K  V  F  A  J
Á  R  T  I  C  O  O  E  I  S  Z  B  G  D  L
G  U  I  S  A  N  T  E  S  Z  D  V  M  R  V
S  O  R  A  J  Á  P  A  T  N  A  P  S  E  I
F  C  Y  X  P  O  R  I  L  L  A  D  O  Z  D
D  I  I  K  N  A  C  W  E  I  X  Q  O  O  A
D  R  N  P  T  F  N  E  L  J  Y  S  T  C  U
```

ORILLA

ORGULLOSO

ENSEÑAR

DISPARAR

TRABAJADOR

VIDA

DESCANSAR

SALUD

ESPANTAPÁJAROS

FIN

ZAPATOS

ÁRTICO

PAN

SUSTANTIVO

PROPIEDAD

INVITAR

VIENTO

GUISANTES

VUELEN

FAMILIARIZADO

Puzzle 78

```
B Z V E L O C I D A D D J X C
E N T R E T E N E R X L D L O
A Q O Y R S Á M J J D O H U B
H M F A Y U P A C Í F I C O R
U O M A R E P M O R C Z V M E
J S J V X Ñ R A S E R G E R E
U Q P E M O R U D A D S Z G M
E U P Y O A C T I V I D A D O
Z I H E M V C J W D T O X G C
B T S K R A R T N O C N E R I
P O V Z E E J W W V M I Y U O
Q S U Q F J J M W I A W H E N
O J X E N O T I X É S C D S A
Z F G O E I C A L L E M Z O L
```

COBRE
ENCONTRAR
ROMPER
DURO
ACTIVIDAD
EMOCIONAL
VELOCIDAD
SUEÑO
REGRESAR
ÉXITO

PEREJIL
ELLA
MOSQUITOS
PACÍFICO
MÁS
REY
ENTRETENER
ENFERMO
GRUESO
JUEZ

Puzzle 79

```
E E D X M Q M R Y H W I L U T
D T I M W U X S E T R O P E D
J N S S Q L N Z F C K D I W V
G E M B R A Q D K M O M O C F
F I I R B N J U O V L G Y G W
I C N V L Z B H T I F A I A L
M A U M K A H U M I L D E Ó O
A P I Á R R D E S C U B R I R
G I R S R E S T A U R A N T E
I E B C O U R O L U C Í T R A
N S S A Í G F V A C U S A N S
A B H R O U Y E L B I R R E T
R U V A N O Q J M O M E N T O
W F O L L E B A C A Z O H X U
```

DISMINUIR
RESTAURANTE
DESCUBRIR
HUMILDE
PACIENTE
IMAGINAR
DEPORTES
OVEJA
TERRIBLE
PIES

LANZAR
MÁSCARA
CABELLO
ARTÍCULO
COMO
RECOGIÓ
ACUSAN
AQUÍ
MUNDO
MOMENTO

Puzzle 80

```
C W S K L P H G M E T P M U S
W U W W Z A R B E C E E B W U
I Y E T K N L O F D N R G N M
S F R L S R U G N E E Í X Ó I
A Z I C L P N E A T R M D I N
C N P E W O A U K E O E J C I
I Ó T S U G R F N H E T D A S
S A G I W Z K T F O A R C Z T
Ú C E N G B Q O E C S O B I R
M O U M O U S E G U N D O N O
L A D R A R O S O N R I S A S
V O C O M P R O B A D O U G H
D E S P E R D I C I A R Z R Y
D I R E C C I O N E S G E O B
```

ORGANIZACIÓN
FUEGO
SEGUNDO
TENER
SUMINISTROS
DIRECCIONES
GUSTÓ
COHETE
CEBRA
COMPROBADO

SONRISA
GAS
PRONTO
CUELLO
ANTIGUO
LUNAR
LADRAR
MÚSICA
PERÍMETRO
DESPERDICIAR

Puzzle 81

```
L Q G S V L A R E D E F W I F
I N T W O D I T R E V A E N Y
M S B G O R O M Q A M S T D Y
Ó D I V L O O B P P Y E N E O
N P S I A V H C C I L I E P F
T E A X P A Ú T U N A S M E A
B Z U N R F B F C B P D E N B
V B G M T O Y R X A L F L D R
Z P A R J A N D I R U S B E I
S J R T U T L T P L C Y A N C
G E A E Z H X O L Y L L B C A
U G P O L Z K E N C G A O I R
T P G S E X T O T E R K R A G
K J A B Ó N K H E T S O P Y V
```

FEDERAL	POSTE
FAVOR	BRILLAR
BÚHO	VERTIDO
PARAGUAS	PANTALONES
SEXTO	INDEPENDENCIA
LIMÓN	SEIS
PROBABLEMENTE	OLVIDÓ
RETO	CULPA
PALO	FABRICAR
JABÓN	LIMPIA

Puzzle 82

```
E M G H N U S U S T I T U T O
W N A X A V W Q Y Z F K S D D
X O C I G Á R T B Z G I N O S
Q S R O T N E T N O C E I B E
C E E J N O D A U C E D A S G
F O C L M T T G F R E K J E U
I D D G O G R Y B E H B I R R
I I L A R N J Ó I W C G X V I
U N X O D I L P M U C T N A D
D E J A E C O S T O S O O C A
B T R P D E S P A R C I R I D
X N Q M U R A D I O K N E Ó G
Y O S O R G I L E P T N I N T
T C O S A P O L I L L A R P Y
```

RADIO
OBSERVACIÓN
CONTENIDO
MORDEDURA
PASO
AFECTO
RIERON
CONTENTO
ENCONTRÓ
TRÁGICO

SEGURIDAD
CUMPLIDO
CERCA
POLILLA
ESPARCIR
ADECUADO
COSTOSO
SUSTITUTO
PELIGROSO
DEJA

Puzzle 83

```
I  N  C  I  D  E  N  T  E  G  T  A  T  U  Y
Z  R  H  O  T  E  L  A  Í  G  O  L  O  I  B
O  O  C  T  U  M  M  K  K  E  R  L  Z  A  M
O  L  I  T  S  E  R  G  F  J  M  I  A  W  I
T  O  I  C  A  R  Y  L  P  H  E  D  Í  M  T
C  H  I  M  E  N  E  A  V  F  N  O  R  B  O
A  D  I  E  N  T  E  S  R  X  T  R  A  R  N
T  C  I  R  C  U  L  A  R  B  A  S  H  K  E
N  U  Y  S  M  E  H  F  F  Q  A  X  Q  N  S
O  S  X  E  O  M  J  X  I  H  X  L  Q  U  H
C  P  O  S  P  O  N  E  R  R  A  C  A  M  M
D  I  S  T  I  N  T  I  V  O  M  Y  G  P  L
N  T  L  E  L  Í  P  T  I  C  O  A  P  F  T
N  M  A  N  Z  A  N  A  S  F  O  D  L  D  A
```

MALO	RODILLA
OLOR	CIRCULAR
POSPONER	CHIMENEA
ELÍPTICO	CONTACTO
PALABRA	HOTEL
BIOLOGÍA	FIRMA
MANZANA	TORMENTA
DISTINTIVO	MITONES
DIENTES	ESTILO
HARÍA	INCIDENTE

Puzzle 84

```
C V I T A M I N A S O Z A R B
P O D A D I U C M G P S U Q L
L T M W N G L W W G U A B B S
A N I U Q Á M C X L E T C Ó C
U E D P N O B Q T E S N P T A
P I O L L I S A P V T A S S N
S S U A P R D R O A O L V E T
V U U Q Q A B A D L M P G L E
A G A M R S Á C D U G Q R O R
K P L V S E S I E A O B M C I
J Z T L E C I D Q C A A R R O
V E S O F E C E W I B E B É R
I A L H L N O D B Ó Y L O I X
C O R A Z O N E S N D J K M C
```

BEBÉ
PLANTAS
PASILLO
CUIDADO
SUAVE
COMUNIDAD
SIENTO
BRAZO
DEDICAR
CÓCTEL

OPUESTO
EVALUACIÓN
VITAMINAS
MIÉRCOLES
ANTERIOR
CORAZONES
BÁSICO
MÁQUINA
APTO
NECESARIO

Puzzle 85

```
Y  C  L  P  N  L  K  I  N  K  S  M  T  V  V
K  E  Á  H  J  A  S  U  Ó  S  Y  C  O  D  A
K  R  M  I  T  P  G  T  I  P  E  S  O  E  R
Z  V  P  Z  E  I  X  U  C  P  L  C  R  S  I
A  E  A  R  E  C  E  R  A  P  A  F  O  C  E
R  Z  R  H  C  N  J  K  Z  N  I  D  S  U  D
E  A  A  M  A  I  W  E  I  A  T  O  E  I  A
C  S  V  C  R  R  R  K  L  R  B  A  T  D  D
E  E  T  S  R  P  V  Q  A  U  S  N  R  A  P
D  N  O  Ú  O  C  A  C  U  G  A  E  O  D  Q
E  U  P  E  P  P  C  N  T  E  F  K  L  O  V
B  L  P  L  O  I  A  N  C  S  A  X  A  V  P
O  I  V  X  Z  P  D  F  A  A  T  R  O  C  A
B  J  Y  H  O  O  D  A  T  I  C  X  E  K  Z
```

SELVA	ASEGURAN
VACA	LEY
VARIEDAD	TESORO
LÁMPARA	LUNES
CERVEZA	ACTUALIZACIÓN
CORTA	OBEDECER
EXCITADO	APARECER
PESO	PRINCIPAL
DESCUIDADO	CARRO
ESTÚPIDA	AGUANTAR

Puzzle 86

```
N P C O L I F L O R E G P P N
A A A J S Q D O T A R R E E T
M Z T R N S S W X R I A R R R
I R I U T Q P S E A Z N M D E
O A N H R Í K J T P O J I I M
M G O E R A C I T E D E S D E
S C B H G M L U I S A R O O N
A O I R O T A E L A U O H E D
R C M G O L V E Z A D V A J O
U K A J B V I X M A A X B K H
T U L B R W T A Y A R G L J J
N A Y O A V H C Z E G O Ó F P
I T E T X D F T W E N V I A R
P B I Q W E O A L P A D R E J
```

BONITA
HABLÓ
PERMISO
PERDIDO
PARTÍCULA
NATURALEZA
GARZA
GRANJERO
SEPARAR
GRADUADO

TEXTO
PINTURAS
ENVIAR
TREMENDO
ACABADO
EXACTA
ERIZO
COLIFLOR
ALEATORIO
PADRE

Puzzle 87

```
A L R A D M R S H P Y N Y X O
H U E L I M E O M U U R V X C
O C A G S X P N C J M E K L I
C I L O P N C C S K P E G S T
K É M D O I V B O A T K D X N
E R E Ó N D P C K H J R D A É
Y N N I N X F C X V E I M D
T A T A B E C A Y O M J E A I
I G E A L G R U A F K O B R X
E A C J E R E A Q U E L L O S
M F U O A I E H E C H I Z O E
P J X R A T R O P X E S H N T
O F T R E A V I E R N E S C N
E N R E D A D O M Q F B C Q A
```

REALMENTE
RAMA
HECHIZO
HOCKEY
LUCIÉRNAGA
CREER
ROCK
OBVIO
EXPORTAR
TIEMPO

ALGODÓN
NEGRITA
AQUELLOS
ENREDADO
ANTES
MENSAJE
DISPONIBLE
HUMEDAD
VIERNES
IDÉNTICO

Puzzle 88

```
A E Z L C U R E T I R A R S E
Z J W R Q E O D I R E U Q S T
S E D A D I S O R E N E G A E
V R R I D U C A S S M C H L M
O C N E R E I U Q E O E K V B
E E A V S M V M Y R N N K A L
S N B A T I I J T V T T P J O
C T S S V D S L B A A R E E R
A S O O U F N T E R Ñ A J J O
L C R S T J A Q I S A L I J S
E A B Y D N Q Q F R S G Q A O
R E E W K R A P R U E B A O G
A G R J O T I C R É J E R H R
S Y R Y W Y E E N V O L V E R
```

EJÉRCITO
SACUDIR
ABSORBER
EJERCEN
ESCALERAS
PRUEBA
QUIEREN
MILES
GENEROSIDAD
RESERVAR

TEMBLOROSO
ENVOLVER
RETIRARSE
VASOS
RESISTIR
CENTRAL
SALVAJE
MONTAÑAS
CANTO
QUERIDO

Puzzle 89

```
F P D T H C P A O R X A P B V
C C Y F N I L D T L D S P M O
H O L I L A K I N A R E N G L
R A M I L C P G E V S N Z E U
E T W P A U Z Í I N H I F O N
G G W N L F D R M O T T T G T
I N M E O E N Ó I S R E V R A
S T Í A S D J M C E G C J A R
T F G I G N W O O C H L L F I
R Z L Y V E C O N O Y A O Í O
O P Q O Y U B Z O R V C B A B
U T Z R R D U F C P Z V O Z U
A B O G A D O G Y P A R T E W
I N F E R I O R E S J L P N N
```

FLOR
PARTE
CONOCIMIENTO
GEOGRAFÍA
VERSIÓN
INFERIORES
DUENDE
ABOGADO
RÍGIDA
VOLUNTARIO

CALCETINES
ERAN
LILA
CLIENTE
CLIMA
LOBO
TÍA
REGISTRO
COMPLEJO
PROCESO

Puzzle 90

```
D D H C D A O G X O N P P A T
L U H I A M E T S I S E E D D
A Y R O R V F N O E O Q N U K
U R J A A A I B E Y K U S L P
D B B T C F W D J Z U E A T S
I N R N Q I F A A O K Ñ M O Z
V R O A Y R Ó N N D S A I R E
I A P L M A E N I A Ó S E E J
D M A P X T Q G T R R N N T R
N A R R A D O R A P B R T L Z
I L A U G I T S P S E Q O O T
Z A N I M Y N M R R L L J S J
F C B A A M U E E U E Q X Z F
C O L I N A J O W O C M Y V O
```

CURSO
COLINA
PATINAJE
DURACIÓN
NARRADOR
CAVIDAD
SISTEMA
PENSAMIENTO
IGUAL
SOLTERO

INDIVIDUAL
ROPA
CALAMAR
JUNTO
CELEBRÓ
PRADO
TARIFA
PLANTA
ADULTO
PEQUEÑAS

Puzzle 91

```
P O Y A D G L O S A R I O H O
W U J M E G E N E R A L T I W
V C C I T P E O R L T W G E D
E G Z S E B O G X M S P A R S
U S E T C E X Í B T I Y Í R D
M U Z O T P U T C I L A R O I
Z O O S A Í G O L O N C E T R
B R G O R I C U D O R P T X E
D E C E P C I O N A D O N C C
A A L E R T A N O Ó P Z A F C
E L E G I R S O U P I R T R I
C I W B B F P B Z T I G S E Ó
Y C G O R E L L A B A C E N N
J N R O D A N E D R O A E R G
```

ALERTA
NOBLE
TECNOLOGÍA
PRODUCIR
DETECTAR
LISTA
ELEGIR
ESTANTERÍA
PEOR
ROCÍO

ORDENADO
AMISTOSO
DIRECCIÓN
CABALLERO
GLOSARIO
ZOO
DECEPCIONADO
GENERAL
REGIÓN
HIERRO

Puzzle 92

```
O D I N O S F I E L T R O J D
D H X B C M O T I V A C I Ó N
N K A P H C H A Q U E T A N M
E J Z A O R T O A P R E N D A
I H O N O R A B L E M E N T E
B V R E Q H I V B B C A C C P
I U A Q U C W D R O I C O I R
C A O C F D O E E P C E N S O
E C I H I D K R U M L R S N Y
R S H S V A D A X N I C E E E
A D T G C U D P N H S A G O C
A B S U I E A O J W M A U B T
H J U K F P O N E R O X I J O
W N E L B A D A R G A X R A U
```

PARED
RECIBIENDO
ESTUFA
OTRO
HONORABLEMENTE
FIELTRO
CICLISMO
PONER
ACERCA
MEDIR

AGRADABLE
CISNE
APRENDA
VACIADO
MOTIVACIÓN
PROYECTO
CHAQUETA
SONIDO
CONSEGUIR
OCHO

Puzzle 93

```
R C U E V A J B A N C O P H Z
B E L U L Y U I S A T U R I V
M U P B N P C O T C E F R E P
E D S E D E L I C I O S O R I
P L O C N A L M U E R Z O B I
E H E D A T T O M A R O N A H
N E N F S R I W E P M S N E H
S R A G A V T N V P D U F W A
A M W C I N O V A T N E C A M
R A Q O L A T N E M E L E B E
Z N A H N E R E I F E R P G N
A O S H J W W Q T U V N I X A
M O R A L U M H F G U T T M Z
Z D R G U A R D A D O L A E A
```

PENSAR
TOMARON
MORAL
PREFIEREN
HERMANO
GUARDADO
REPENTINAMENTE
PERFECTO
VIRUTAS
CENTAVO

DELICIOSO
ELEMENTAL
ELEFANTE
AMENAZA
BANCO
USO
CUEVA
BUSCAR
ALMUERZO
HIERBA

Puzzle 94

```
H  P  T  Y  Q  V  A  H  R  W  D  O  O  B  Y
O  R  O  E  C  U  B  C  A  J  N  O  P  S  E
S  E  T  W  J  B  R  U  M  B  K  Z  B  R  V
P  O  A  W  H  Y  I  A  O  B  L  A  E  S  M
I  C  L  S  C  E  G  L  T  Q  O  A  P  J  B
T  U  O  A  G  J  O  Q  J  V  B  G  R  S  G
A  P  O  T  E  L  E  U  Q  S  E  R  E  W  P
L  A  T  E  B  Q  R  I  U  G  E  S  R  E  P
W  C  S  N  Z  B  N  E  N  E  I  T  N  A  M
W  I  I  A  T  J  U  R  I  R  B  U  C  I  X
L  Ó  V  L  E  S  C  R  I  T  O  R  I  O  C
J  N  B  P  P  R  O  D  U  C  C  I  Ó  N  J
P  R  I  M  A  V  E  R  A  X  N  I  V  E  L
M  O  T  O  C  I  C  L  E  T  A  N  J  M  H
```

PREOCUPACIÓN	HABLAR
HOSPITAL	BUCEO
PLANETAS	PRIMAVERA
MANTIENEN	ESPONJA
PRODUCCIÓN	TOMAR
VISTO	ABRIGO
ESQUELETO	MOTOCICLETA
CUBRIR	TOTAL
ESCRITORIO	PERSEGUIR
NIVEL	CUALQUIER

Puzzle 95

```
L D S G S D S D Z U U N T H T
O R O I P O R P U A N I R I R
N O T R E U Q O H C G Q A J A
G G C F L M D G I V I W N O N
I A U A Ñ A P M A C F T S S S
T S D D F G H R N W R K P K P
U M O L M U Z N E I U Q O U A
D I R A V F H X B V L I R J R
R M P F Z O U W P X T R T E E
B O A Y L J R G N K T N E H N
R Í J Í C P Ó M A Y O R Í A T
D R W O Z F N S U G E R I R E
E S P E C I A L M E N T E G S
V X Q G F N J Z N G E J R P C
```

FALDA
PRODUCTO
MAÍZ
QUIEN
LONGITUD
FUGA
SUGERIR
CAMPAÑA
TRANSPORTE
SIEMPRE

HURÓN
ROJO
MAYORÍA
TRANSPARENTES
PROPIO
DROGAS
ESPECIALMENTE
RÍO
CHOQUE
HIJOS

Puzzle 96

```
W M T Y C I E N T Í F I C O F
P A D N A M E D R G Q D H U K
A B P Ó V L R Z F N N E M J E
R K E T N E G E U H P F C E X
G G C A M E N T O X W H Z N T
N H A R I N A N D Y Y G O L I
C C A S A T S E A D A C É D N
I I R I M A M M Z C C Q Y M T
N C O T J C J E I D R X B B O
E L I B É D O R R Y A E O I E
T O N M L R O G O X Y Y C K C
H W S Z O I T E J A U G N E L
T É R M I C O L O D M F Q J R
Q W X S O T C A P M I P K L K
```

AMENTO
SANGRE
DEMANDA
CRECER
GENTE
TÉRMICO
IMPACTO
EXTINTO
CICLO
RATÓN

RIMA
DÉBIL
CINE
CIENTÍFICO
PAR
ALEGREMENTE
RIZADO
DÉCADA
HARINA
LENGUAJE

Puzzle 97

```
N M U M C A N G U R O T O A P
R T C I O C O R T I N A S L R
C Z T V C S C T O M A D O I E
O L C F O D C A Y Y F P D M G
E M E R G E R A J Z T A I E U
F A V O R A B L E Ó E R N N N
V E N D E D O R D V N E E T T
A P N R G J G H N Z O J R A A
K J W J J U T W O H G A O R R
E O T N E I M I D E C O R P O
P L A N N A T N E M U G R A N
A S M S E W Ñ T P H V Z J W S
M U K T J O V O Z R E U F S E
A L C A N Z A R C A R P A P X
```

FAVORABLE
PREGUNTARON
MOSCA
VENDEDOR
DONDE
CORTINAS
ESFUERZO
DINERO
PROCEDIMIENTO
AÑO

PLAN
CANGURO
TOMADO
PAREJA
EMERGER
CAJÓN
ALCANZAR
ARGUMENTAN
CARPA
ALIMENTAR

Puzzle 98

```
P O C X D A Z P O D N A R I M
R R Z X V N O O R J Ó Í I U I
X B E O K C I L D E I F C I S
V M Q D O H C I I N C A U B T
Q O Q A E O I C N G U R D T E
E H Q T R C F Í A I C G E K R
Z T E L B V I A R B E O R G I
E K X U O Z D R I R S T Y R O
H P A S S M E A O E R O A W S
G F M E F I G U R A E F V P M
O L I R D O C O C B P G W U K
J O N Ó I C A L U G E R J M G
H S A P R Y M A D U R O K E K
U N R W W F D A S I E N T O S
```

JENGIBRE
EDIFICIO
ASIENTO
PERSECUCIÓN
FIGURA
COCODRILO
RESULTADO
MISTERIOS
ANCHO
MIRANDO

SOBRE
EXAMINAR
HOMBRO
PREDECIR
REGULACIÓN
FOTOGRAFÍA
MADURO
POLICÍA
ORDINARIO
REDUCIR

Puzzle 99

```
Z C I R D E S A R R O L L A R
T O N O E T J X P F D A A I D
A N S O D C R C O O A B B C I
R D T V X Z U F T N T I R N V
J I A H Z J L P R D S E I E E
E C N N E G R O E O A R D G R
T I T I D I Q D P R G T O R S
A Ó Á M R O M R X P A O R E I
A N N A A Z V L E E H C Y M Ó
F X E G B H C U A P L Z I E N
A A O E O Q T C K I C Y A Ó O
R N I N C U K O D N A G U J N
A C L A T N E I R O V L O P B
H U M A N O D E S T R U I R B
```

JUGANDO
CONDICIÓN
ABIERTO
POLVORIENTA
EMERGENCIA
RECUPERACIÓN
IMAGEN
PEPINO
DESTRUIR
GASTADO

EXPERTO
DIVERSIÓN
FONDO
HUMANO
NEGRO
COBARDE
ABRIDOR
TARJETA
INSTANTÁNEO
DESARROLLAR

Puzzle 100

```
C S E S X Z U U M L Y S C C P
C E L N Y G O P O I B A S A Í
U S N L Ó A F S D H O D T N L
C I P T A I Q G E Z H G M G D
H R U C A M C N L H U Y P R O
I G B O Z V A C O J A D S E R
L Q L M Q C O D U U Z O I J A
L Q I P C J I S O R A T N O M
O I C R R S P N Z W T B W W O
B S A A N M M Y R O G S E I R
O L C N I Y I Q Y E I H E E E
M A I D I O L A M I C E D D A
C E Ó O T O M I S E R I A K R
A D N E X P E R I E N C I A T
```

RIESGO
CUCHILLO
SABIO
TAZA
COMPRANDO
PÍLDORA
LLAMADO
PUBLICACIÓN
DECIMAL
CANGREJO

DESTRUCCIÓN
ISLA
MISERIA
CENTAVOS
GRISES
MODELO
EXPERIENCIA
MONTAR
TRAER
LIMPIO

Puzzle 1

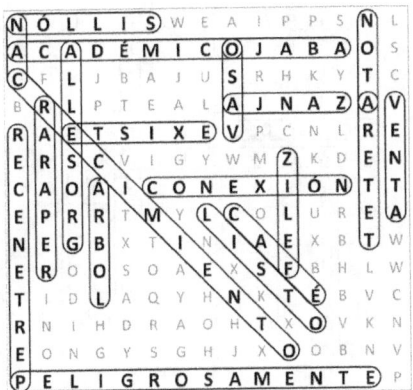

Puzzle 2

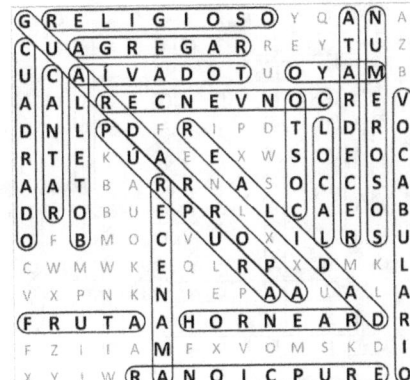

Puzzle 3

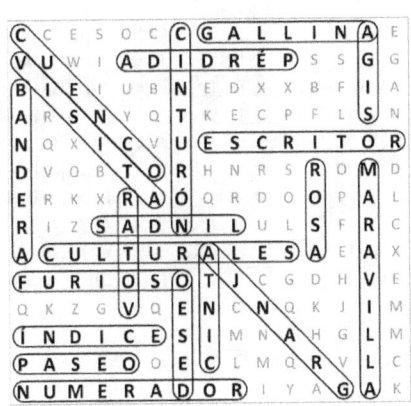

Puzzle 4

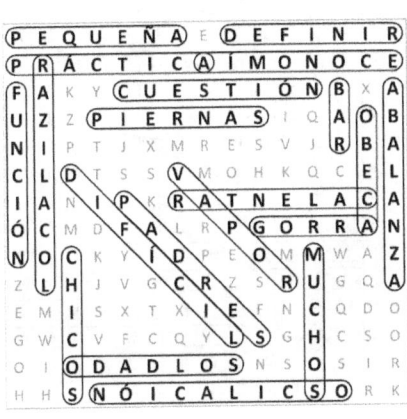

Puzzle 5

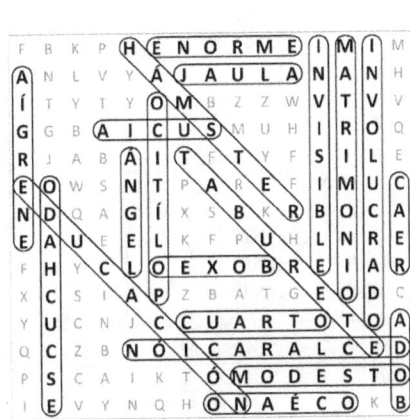

Puzzle 6

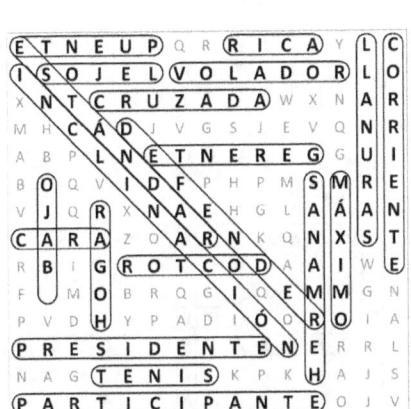

Puzzle 7

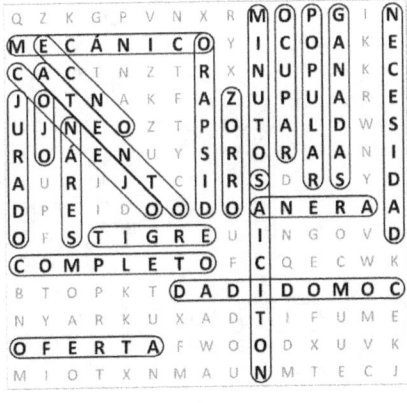

Puzzle 8

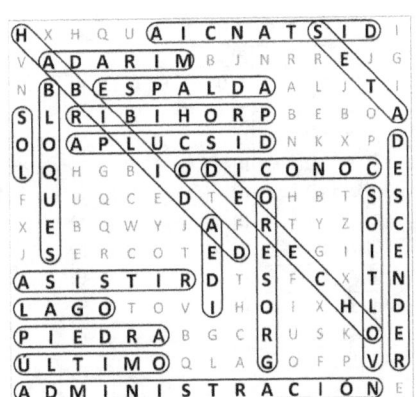

Puzzle 9

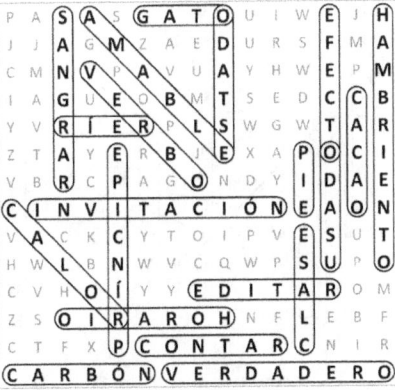

Puzzle 10

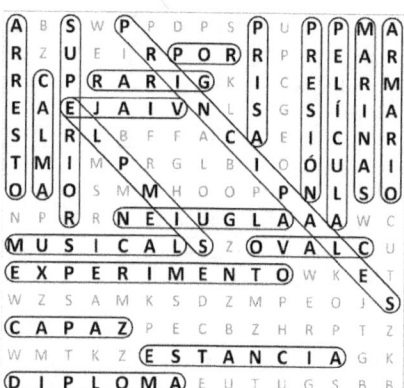

Puzzle 11

Puzzle 12

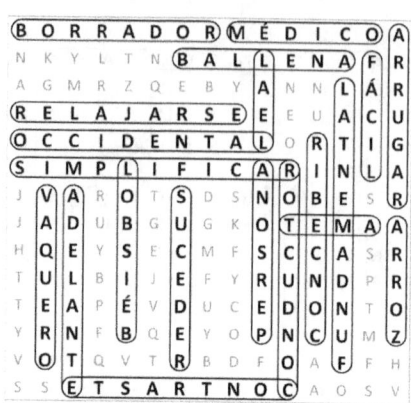

Puzzle 13

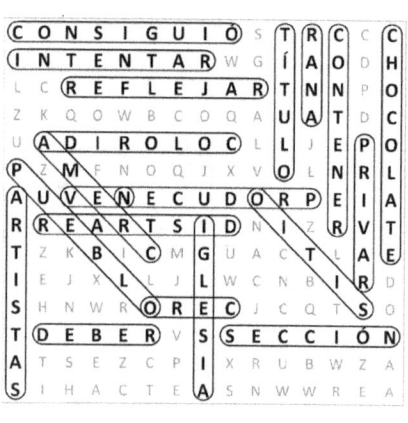

Puzzle 14

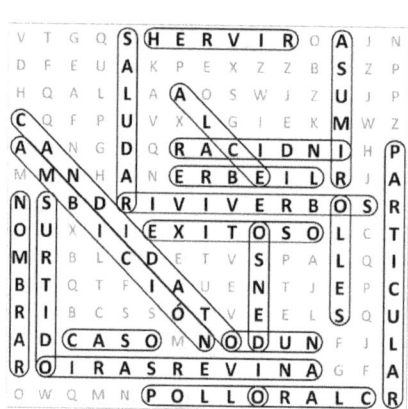

Puzzle 15

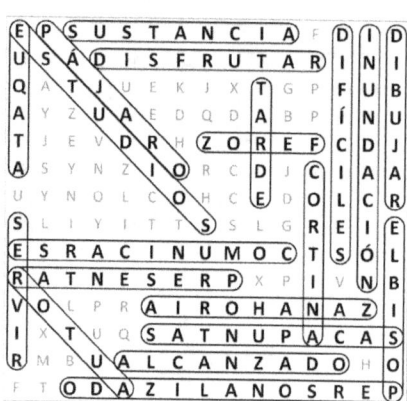

Puzzle 16

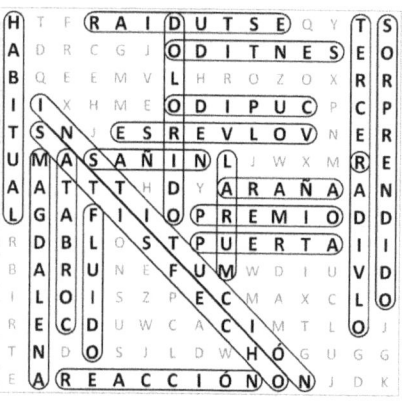

Puzzle 17

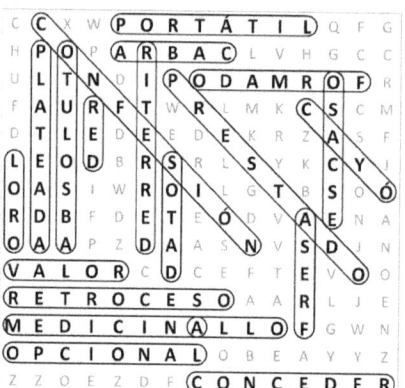

Puzzle 18

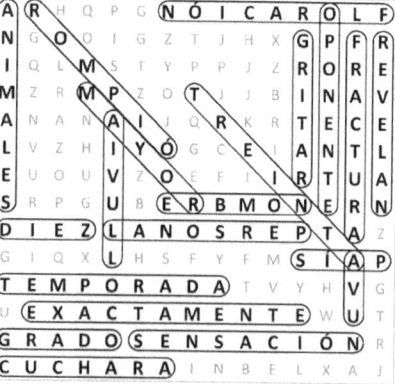

Puzzle 19

Puzzle 20

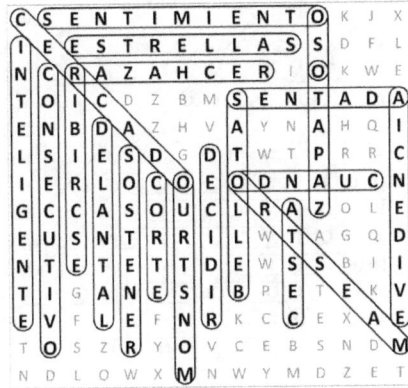

Puzzle 21

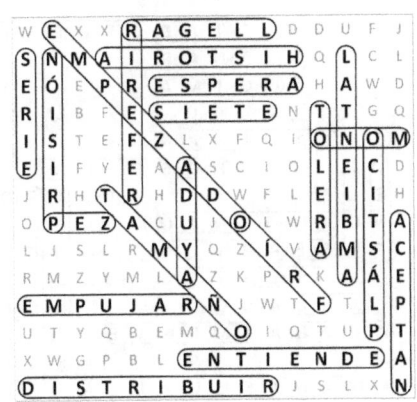

Puzzle 22

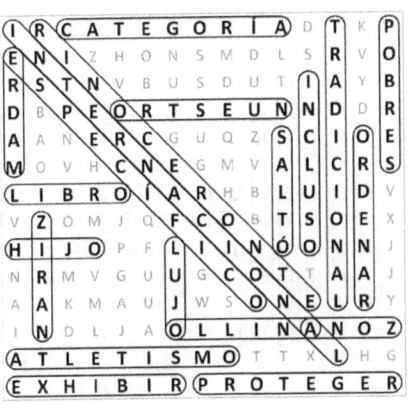

Puzzle 23

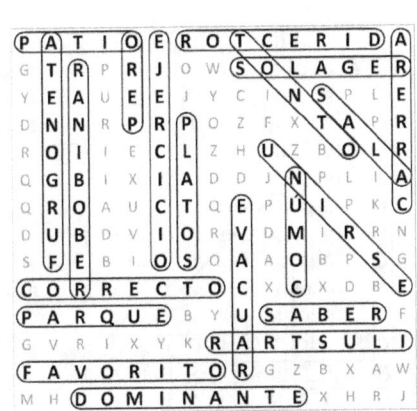

Puzzle 24

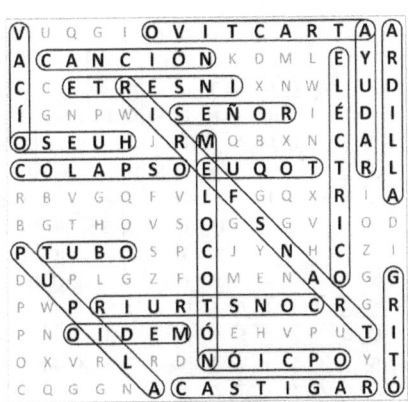

Puzzle 25

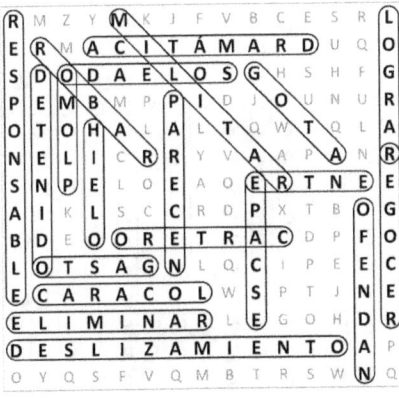

Puzzle 26

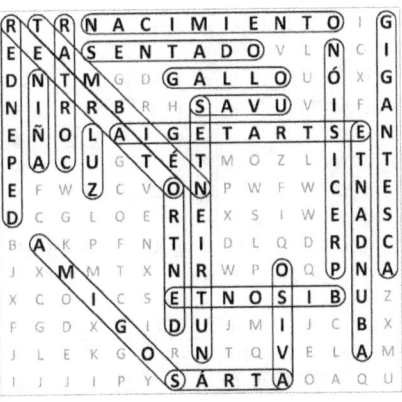

Puzzle 27

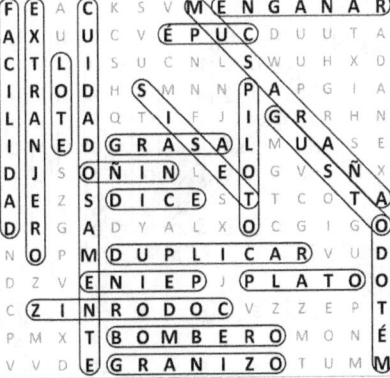

Puzzle 28

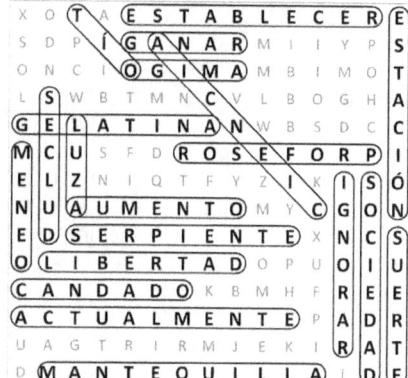

Puzzle 29

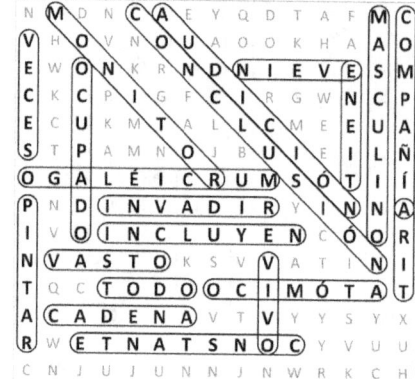

Puzzle 30

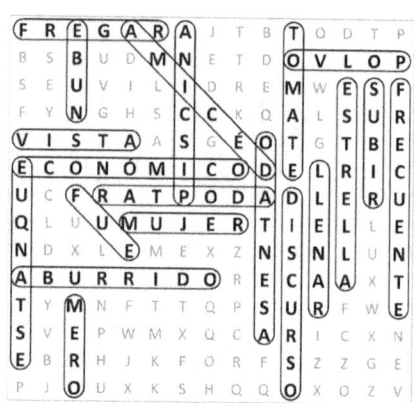

Puzzle 31

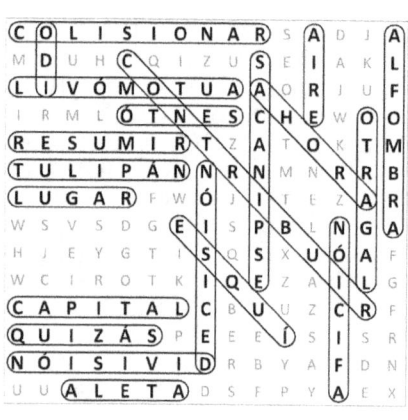

Puzzle 32

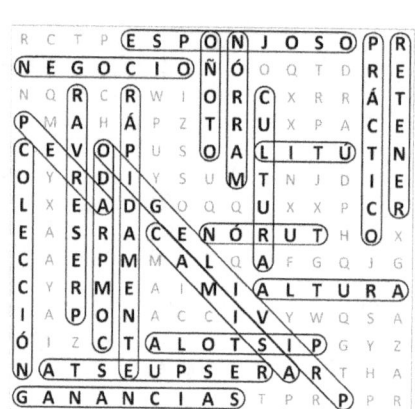

Puzzle 33

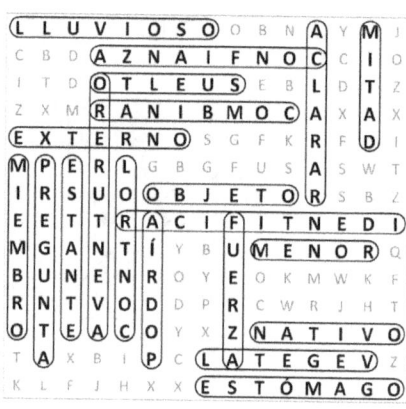

Puzzle 34

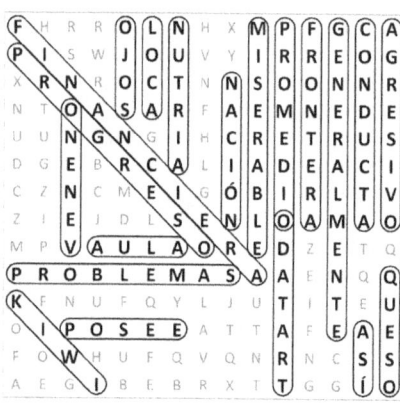

Puzzle 35

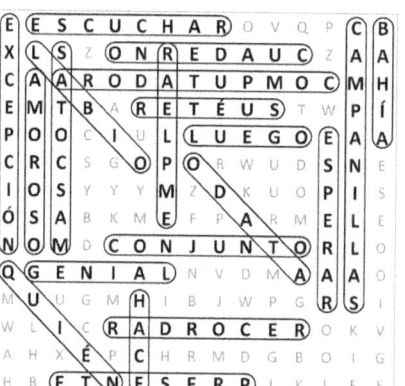

Puzzle 36

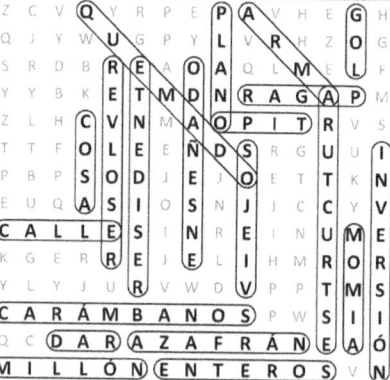

Puzzle 37

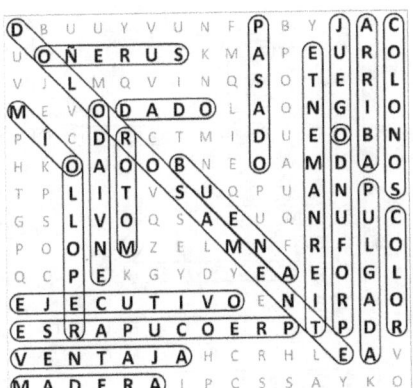

Puzzle 38

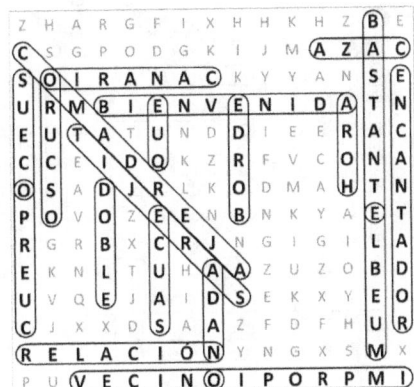

Puzzle 39

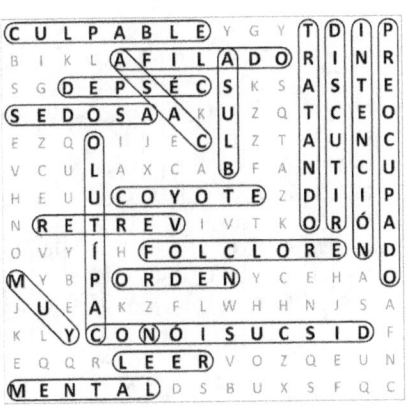

Puzzle 40

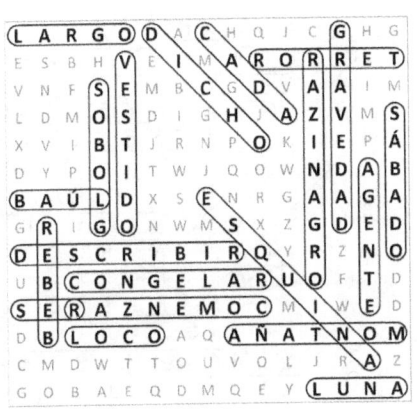

Puzzle 41

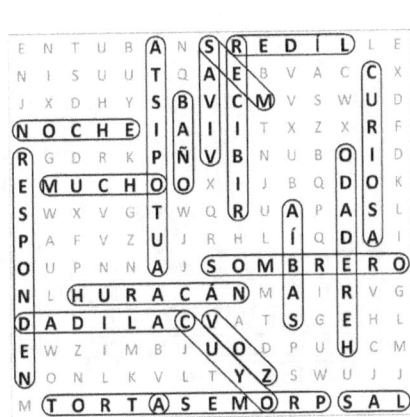

Puzzle 42

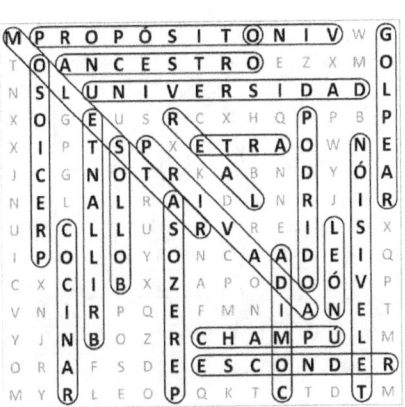

Puzzle 43

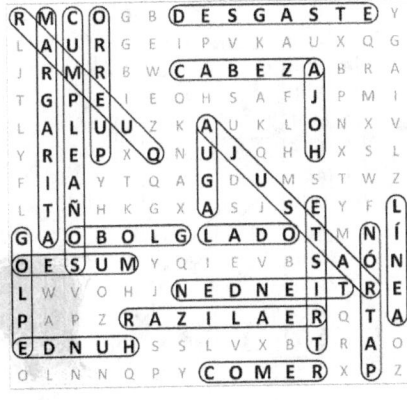

Puzzle 44

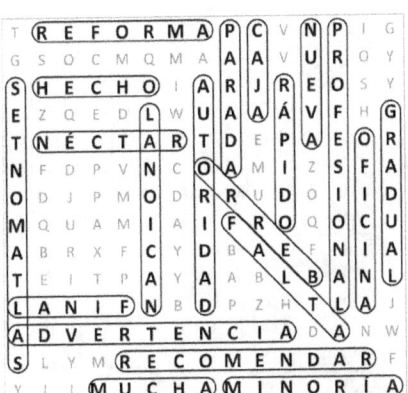

Puzzle 45

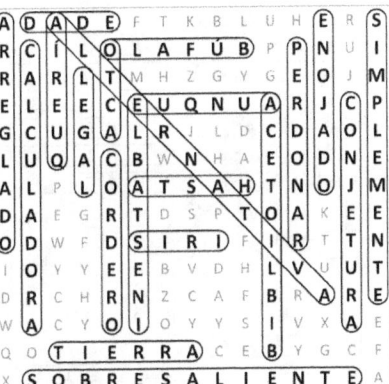

Puzzle 46

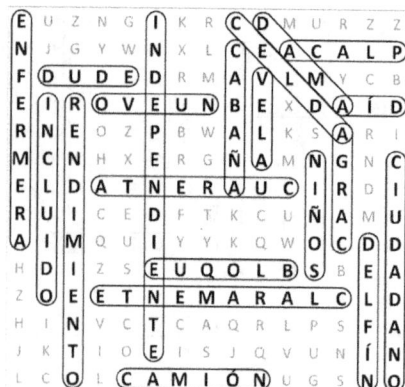

Puzzle 47

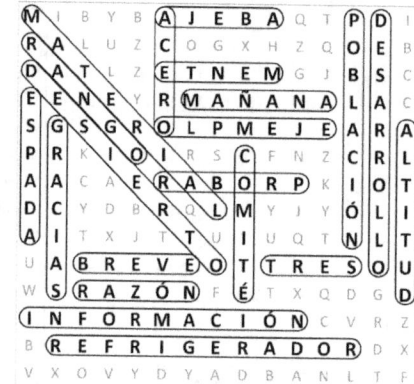

Puzzle 48

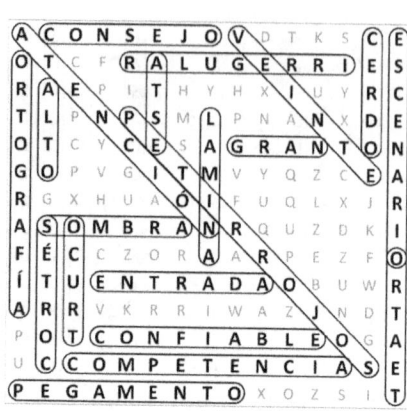

Puzzle 49

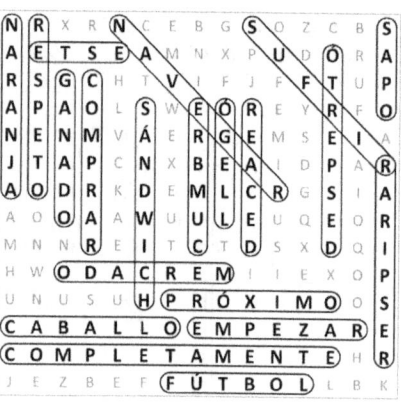

Puzzle 50

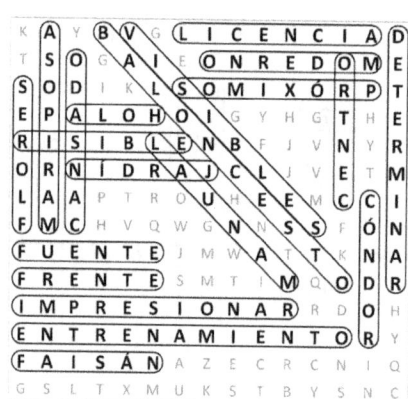

Puzzle 51

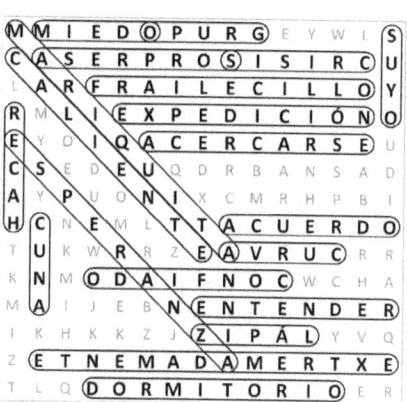

Puzzle 52

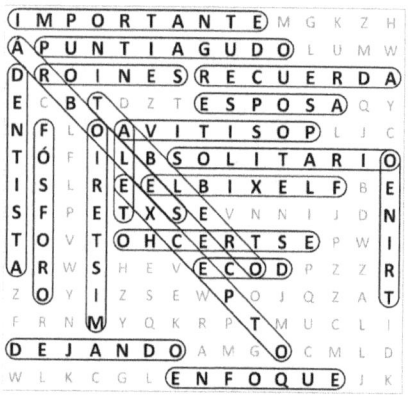

Puzzle 53

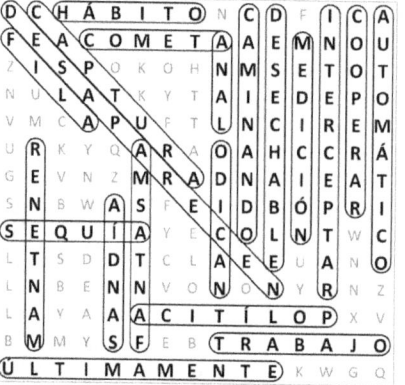

Puzzle 54

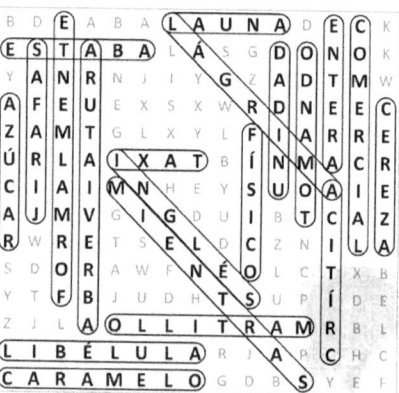

Puzzle 55

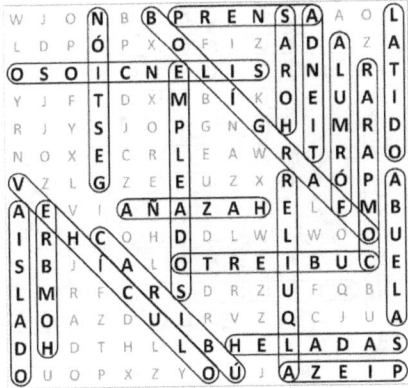

Puzzle 56

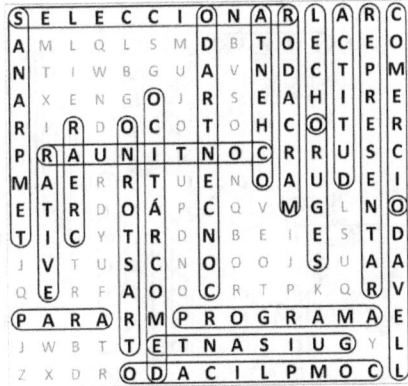

Puzzle 57

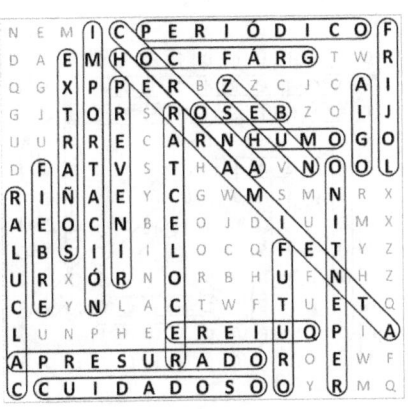

Puzzle 58

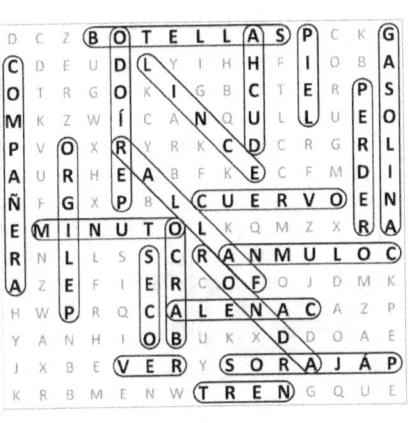

Puzzle 59

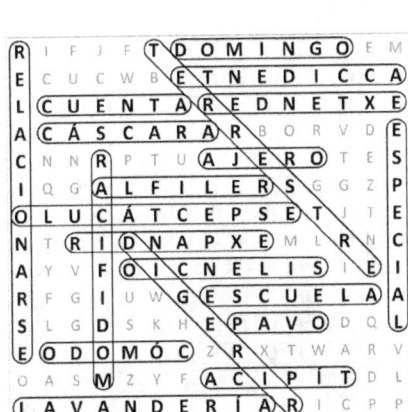

Puzzle 60

Puzzle 61

Puzzle 62

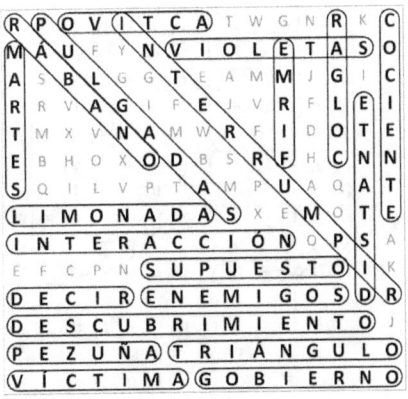

Puzzle 63

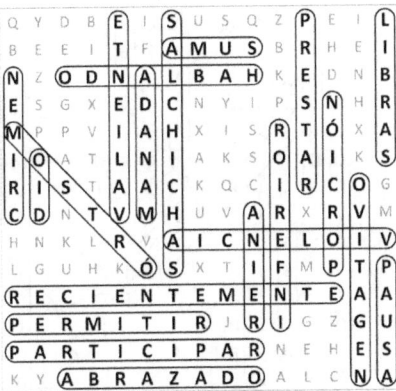

Puzzle 64

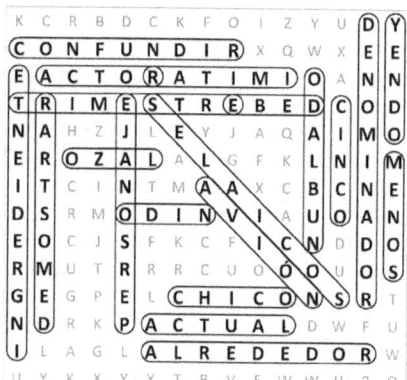

Puzzle 65

Puzzle 66

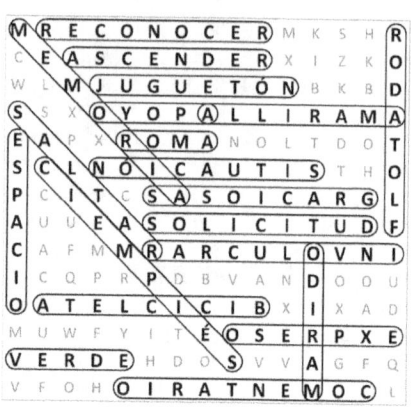

Puzzle 67

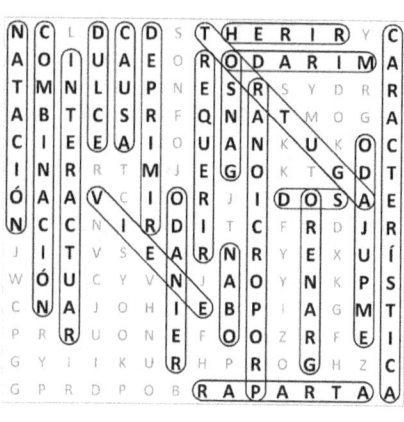

Puzzle 68

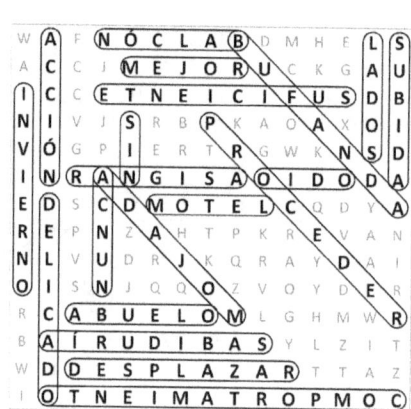

Puzzle 69

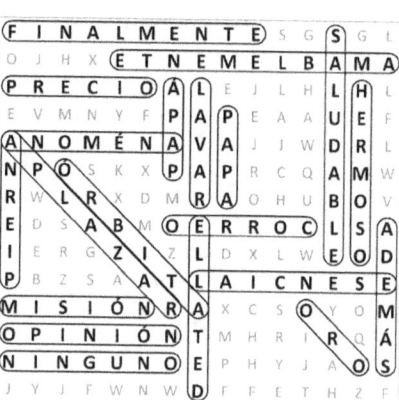

Puzzle 70

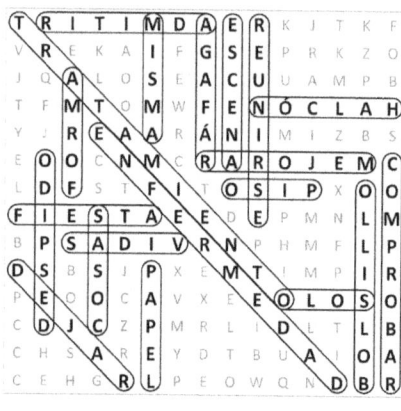

Puzzle 71

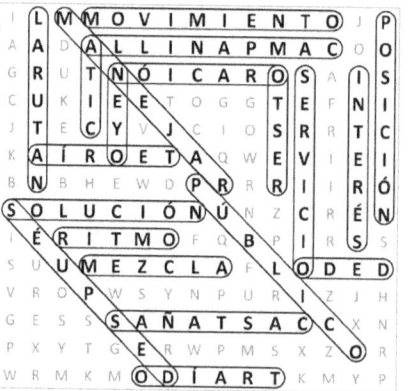

Puzzle 72

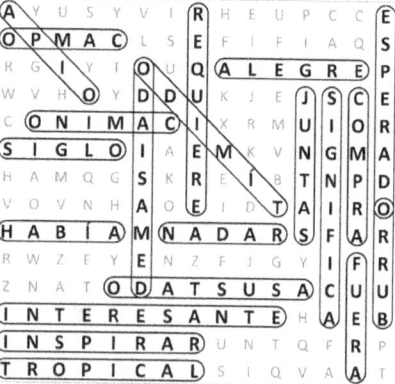

Puzzle 73

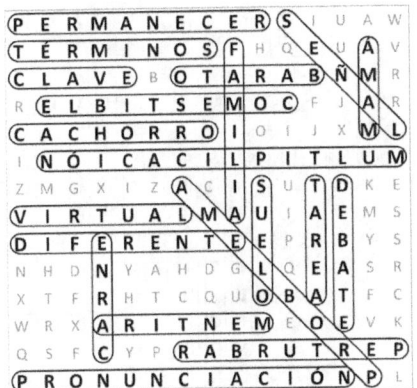

Puzzle 74

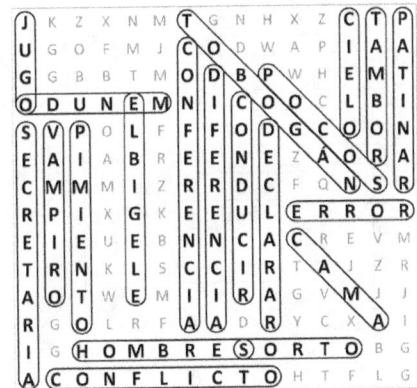

Puzzle 75

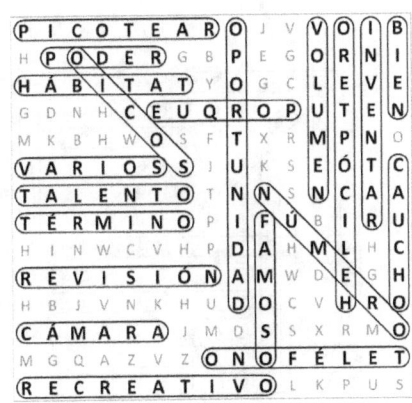

Puzzle 76

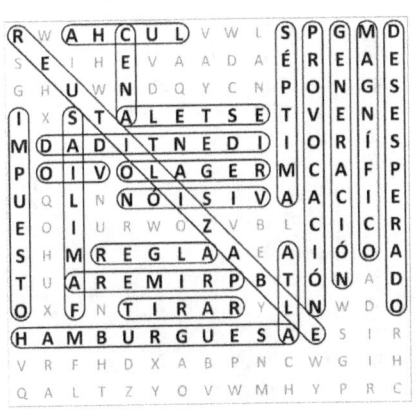

Puzzle 77

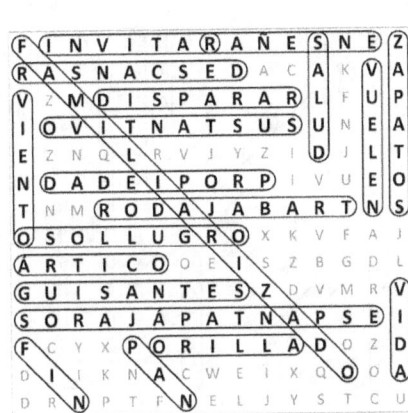

Puzzle 78

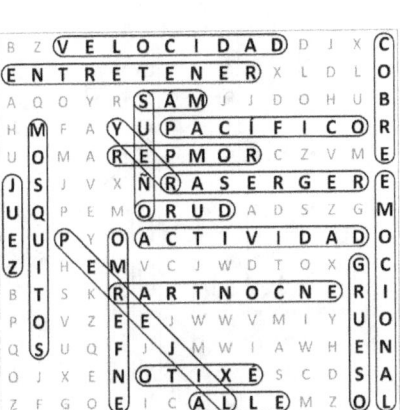

Puzzle 79

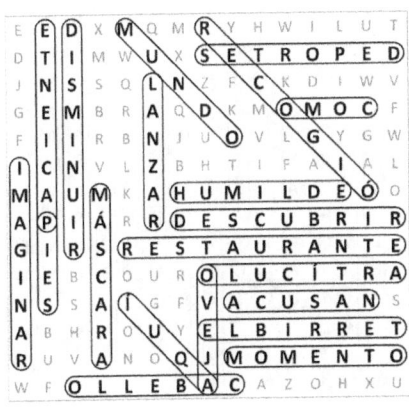

Puzzle 80

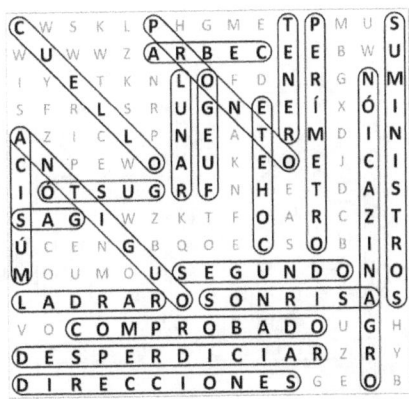

Puzzle 81

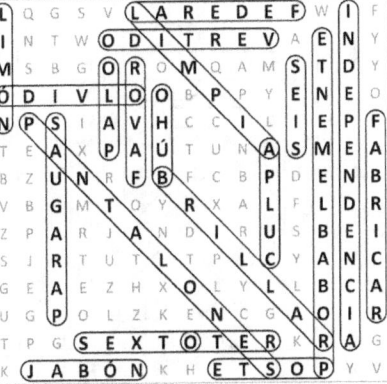

Puzzle 82

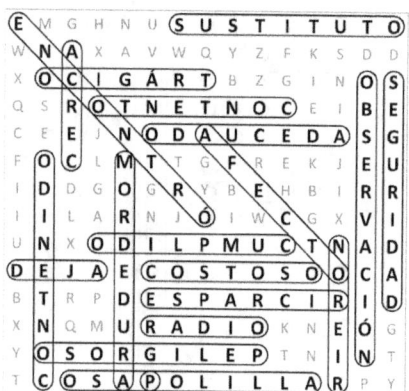

Puzzle 83

Puzzle 84

Puzzle 85

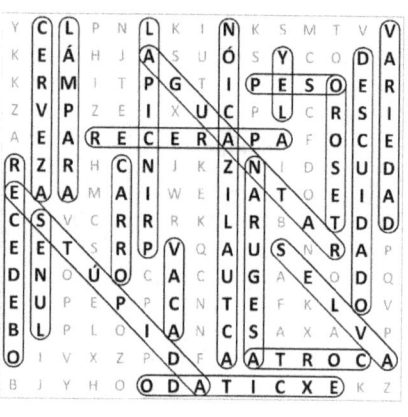

Puzzle 86

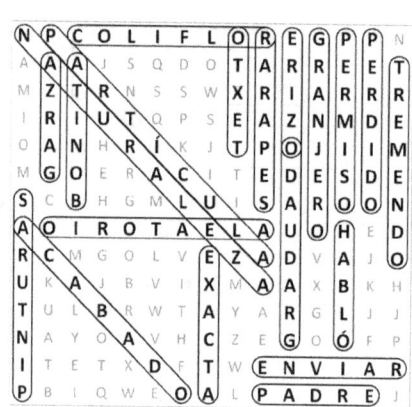

Puzzle 87

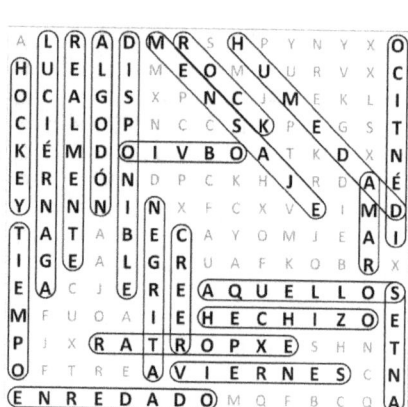

Puzzle 88

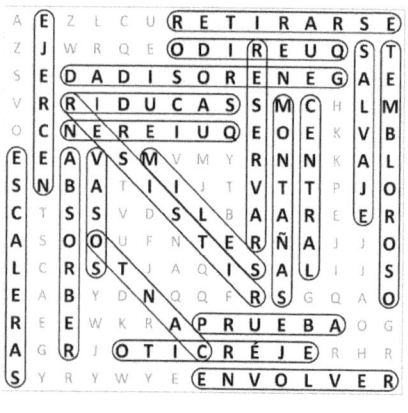

Puzzle 89

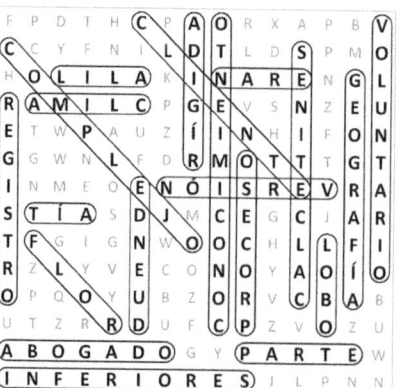

Puzzle 90

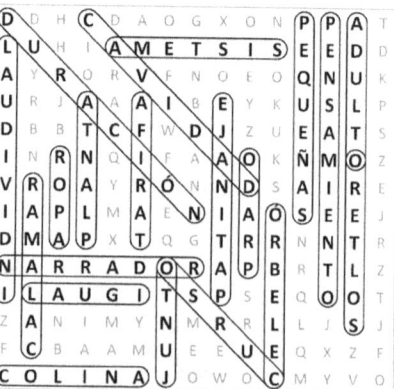

Puzzle 91

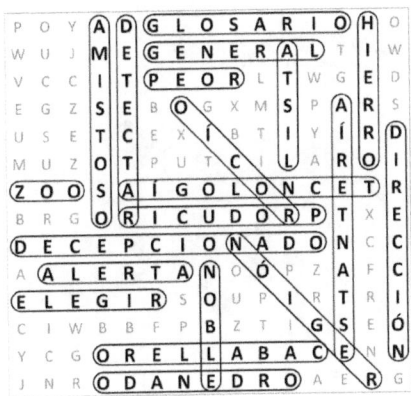

Puzzle 92

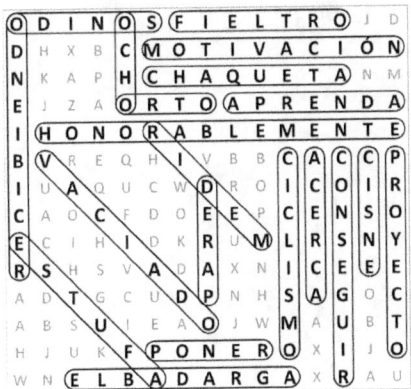

Puzzle 93

Puzzle 94

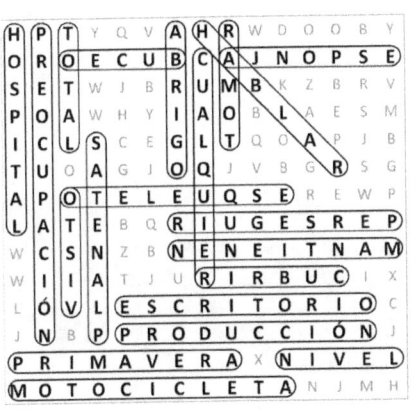

Puzzle 95

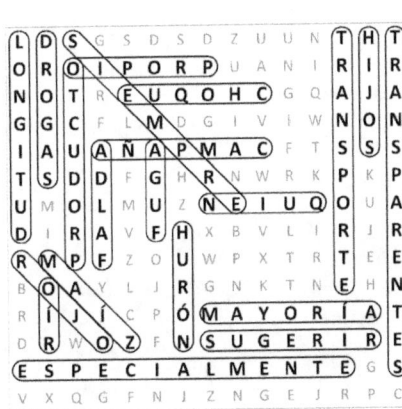

Puzzle 96

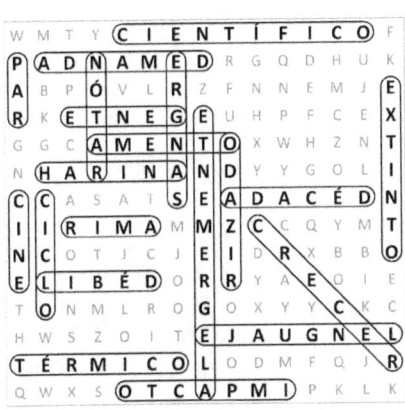

Puzzle 97

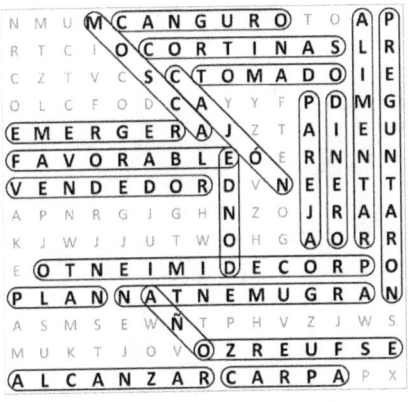

Puzzle 98

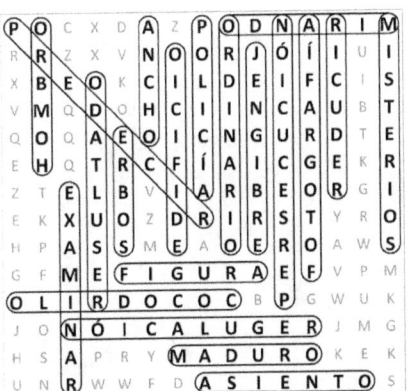

Puzzle 99

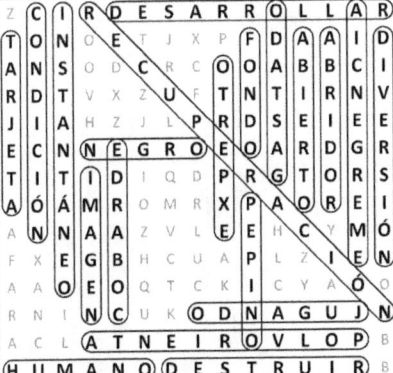

Puzzle 100

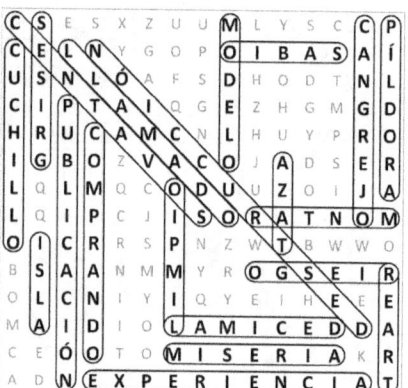

Congratulations

You made it!

We hope you enjoyed this book as much as we enjoyed making it. We do our best to make high quality games.

These puzzles are designed in a clever way to actively spark the brain and make it sharp and quick!
Did you love them?

A Simple Request

Our books exist thanks to the reviews you post on Amazon. Could you help us by leaving a review now?

Here is a short link which will take you to your Amazon orders review page.

BestBooksActivity.com/Review50

MONSTER CHALLENGE!

Challenge #1

Ready for Your Bonus Game? We use them all the time but they are not so easy to find. Here are **Synonyms**!

Note 5 words you discovered in each of the Puzzles noted below (#21, #36, #76) and try to find 2 synonyms for each word.

Note 5 Words from *Puzzle 21*

Words	Synonym 1	Synonym 2

Note 5 Words from *Puzzle 36*

Words	Synonym 1	Synonym 2

Note 5 Words from *Puzzle 76*

Words	Synonym 1	Synonym 2

Challenge #2

Now that you are warmed-up, note 5 words you discovered in each Puzzle noted below (#9, #17, #25) and try to find 2 antonyms for each word.
How many lines can you do in 20 minutes?

Note 5 Words from **Puzzle 9**

Words	Antonym 1	Antonym 2

Note 5 Words from **Puzzle 17**

Words	Antonym 1	Antonym 2

Note 5 Words from **Puzzle 25**

Words	Antonym 1	Antonym 2

Challenge #3

Wonderful, this monster challenge is nothing to you!

Ready for the last one? Choose your 10 favorite words discovered in any of the Puzzles and note them below.

1.	6.
2.	7.
3.	8.
4.	9.
5.	10.

Now, using these words and within a maximum of six sentences, your challenge is to compose a text about a person, animal or place that you love!

Tip: You can use the last blank page of this book as a draft!

Your Writing:

Explore a Unique Store
Set Up **FOR YOU!**

MEGA DEALS

BestActivityBooks.com/**TheStore**

Designed for **Entertainment**!

Light Up Your Brain With Unique **Gift Ideas**.

Access **Surprising** And **Essential Supplies!**

CHECK OUT OUR MONTHLY SELECTION NOW!

- Expertly Crafted Products -

NOTEBOOK:

SEE YOU SOON!

Delta Classics Team

BESTACTIVITYBOOKS.COM/FREEGAMES